3秒で人生が楽になる

悟りの法則

小林正観

SOGO HOREI PUBLISHING CO., LTD

悟りとは、
諦め、受け入れること。
受け入れると、
楽に生きられる

はじめに

人生を楽しく、幸せなものにするための三つの解決方法があります。

一つめは、人の10倍、20倍、30倍努力してがんばっていく方法。自分の主張を通すために人を説得し、自分が気に入るように周りをつくり変えること。つまり、学校教育で教わった方法論です。

二つめは、人生のすべてのことは思いどおりにならないと思い定めてしまうという方法。これを「**諦める**」といいます。

なんでも自分の思いどおりにしようとして、でもそうならないから、ストレスを感じるのです。ですから、**「物事は思いどおりにならない」と諦めてしまう**。

諦めるという言葉の語源は、「あきらしめる」です。「あきらしめる」とは、宇宙の真理や真実、法則を明らかにすることをいいました。

そして、宇宙の法則がそうなっていると思い定めることを、「諦める」といいました。

諦めるという言葉を仏教用語に当てはめると「諦観《ていかん》」となります。

「諦観」＝「悟り」で、悟りとは、諦めることだったのです。

三つめの方法は、二つめの「人生は思いどおりにならないと思い定める」という考えのもう2、3歩手前にある、「**思いを持たない**」という方法です。

これは、「解決方法を探る」のではなく、「解決する必要はない」ということ。

そもそも、「こうしたい」「そうなってほしい」という思いを持たなければ、思いどおりにしようということはありません。

夫、妻、子ども、会社の人に注文をつけ、こうなってほしいと思い、でも思いどおりにならないから悩むのです。

思いを持たなければ、悩むことがなくなるのです。

数十年前の7月、長女が生まれた時のこと。医者から、「この子は障害を持っているので、訓練や薬では治りません。生まれなかったと思ってください」と言われました。かなりの衝撃を受けました。その言葉を聞いてから、ショックのあまり私の生活から色が消えました。すべてモノクロにしか見えなくなってしまったのです。その状態は半年間続きました。

半年経った1月、新聞に入っていた別紙を読んでいました。その中に、「新生児600人に一人、障害児が生まれる」という記事が載っていました。

私が入っていたマンションには600人ほどの人が住んでいたので、私の家に障害児が生まれたのは、その確率と同じでした。そのマンションの住人の中には、障害児が一人もいませんでしたから、600分の1の確率で、この子は我が家を選んでくれたということです。

きっとこの子は、上から見下ろして、どの両親を選ぼうかとずっと探し続けて小林家に決めて生まれてきたのでしょう。

「この子はとてもいい選択をした。私たち夫婦は、差別したり、いじめたりしない。だから、良い両親を選んできて良かったね」

そう思った瞬間に、私の目の前に色が蘇《よみがえ》りました。


悟りとは、受け入れることです。


「こうでなければいけない」「こうしなくては」という「思い」を捨てると、自分が楽になるのです。それを長女は教えにきてくれたのでした。

それまでの学校教育や父親から教えられた、「努力してがんばって幸せになる」「自分にないものを手に入れることが幸せ」という考え方で解決しようとしていたら、私はきっとこの子を何とかしようと思い、苦しんでいたかもしれません。

生まれた時、医者が言った「この子は薬や訓練では治らない。生まれなかったと思ってください」という言葉はとてもショックでしたが、しかし逆にとても良かった。私の中で、受け入れるしかなかったからです。

この子の立場に立って考えてみた時、ほかの親を選ばずに我が家に来てくれて良かったと、心から思えたのです。

すべては受け入れるということで、**受け入れることは自分が楽になる**ということだったのです。

小林正観

目次

第2章　悩み・苦しみ・執着から解放される生きかた

第3章　頼まれごとの人生で生きる

第4章　幸せを感じる心

第5章　ありがとうに囲まれる生きかた

装丁／西垂水敦・太田斐子（krran）
カバーイラスト／亀山鶴子
本文デザイン／磯辺奈美（Dogs Inc.）
ＤＴＰ・図制作／横内俊彦
校正／池田研一

第1章

人生はすべてシナリオどおり

01

すべての人は存在するだけで価値がある

私たちは、小・中・高・大学の学生時代、そして社会生活を通して「人間は努力することが尊いことであって、努力しない者は価値がない」と当たり前のように教え込まれてきました。

しかし、本当にそうでしょうか。

人間は、努力しなくてもいいのではないか。存在しているだけで価値があるのではないか。その人が存在しているだけで、心が温まって、優しい気持ちになれるなら、その人は、ものすごく価値があるのではないか……と思うのです。

私の長女は知的障害者ですが、この子は努力もしないしがんばりもしません。ですから、がんばらなければ価値がないという価値観で測るなら、この子は価値がないことになってしまいます。

ところが、彼女が属している学校のクラスの生徒は、皆とても優しい。なぜなら、彼女の存在が、クラスの子どもを優しくしてしまうからです。

どうしてかと言いますと、**この子は、ありとあらゆる場面において、争わない、戦わない、競わないからです**。争うどころか、自分よりも弱い立場の子を見つけては、その子を助けようとします。

そういう場面をクラスの子どもたちは見て、逆に、「この子を助けてあげよう」と思うようです。

長女が小学校6年の時、3学期の通知表に6年生全員の中で長女ほど「ありがとう」を心を込めて言う生徒はいませんでしたと、校長先生が特別に書いてくれたことがありました。

幼いころから私たち夫婦がずっと「ありがとう」と言い合ってきたものですから、娘もいつの間にか「ありがとう」を覚えてしまったようです。

彼女は、「ありがとう」を言う時に、体を90度にまでお辞儀をして言うのです。そのしぐさが本当に美しくてかわいいのです。我が家でいちばん美しく「ありがとう」

が言えるのです。

先日、駐車場に車をとめていて、用事を終えて料金所のおじさんの前を通って車に戻ろうとした時、私たちはサッサと歩いて行くのに、長女だけが一人でトコトコとおじさんの所まで戻って「ありがとう」とあいさつをするのです。

考えてみれば、こちらは料金を払う側ですが、駐車場のおじさんは1時間、2時間の間、車を見てくれていたのです。それが「見てくださって、ありがとう」と彼女の目には映るわけです。皆一瞬、あっけにとられたのですが、「あー、やっぱりこの子はすごいね」と思ったのです。


長女を見ていると、この子は、人間が生まれながらに持ち合わせている優しい心を呼び起こすために生まれてきたのではないだろうか、と思います。彼女はただひたすら、その役割で存在しているかのようです。

長女ができることは、「ありがとう」と言ってニコッとする、ただそれだけです。

でもその笑顔によって、クラスの子どもたちは、皆優しい子どもたちになっていきました。同時に、小林家の人間も優しくなっていったのです。

話を元に戻しましょう。

では、この子は価値がないのか。そうではないですよね。

常識からすると、何かを成し遂げたり、成績を上げたりすることが、いいことのように思われています。それも尊い才能ですが、**その人が存在していること、ただそれだけで、周りを温かくし、穏やかにし、笑顔にする**、そんな存在の人もいるのです。

人間の価値というのは、さまざまな視点に立てば、実に多様です。努力することを好むのはいいですが、努力だけが価値ではありません。

すべての人は、存在するだけで価値があるのです。

「うたしごよみ」という、私がつくらせていただいた日めくりカレンダーの中に、こういう言葉があります。

「あなたが、この世に生まれてくれてありがとう。誕生祝いは感謝祭」

一人ひとり、そこに存在してくださっていることに「ありがとう」なのです。

能力者じゃなくてもいい。すごい功績を残さなくてもいい。**ただ、そこに、あなたがあなたでいてくれるだけでいいのです**。

02

人生は自分の意思で組み立てられるものではなく、何者かのシナリオによってできているらしい

1900年、あるヨーロッパの国王に起きた事件です。

国王がある場所に狩りに出かけました。

その近くにあるレストランへ食事に行くと、人相、風体《ふうてい》、年格好、ひげの状態などが国王に非常に似ている男がいました。この男性はレストランの主《あるじ》でした。

国王がその男性に生年月日を尋ねると、まったく同じでした。次に、名前と生まれた場所を尋ねると、名前が同じで、この村で生まれたとのこと。

この国王も、母親がこの村を馬車で通り過ぎた時に突然産気《さんけ》づき、この村で生まれました。しかし、国王であるために文献がきちんと残っているから、双子《ふたご》ではないということは明らかです。

今度は、「いつからこのレストランを営業しているのか」と尋ねたところ、「父親の代からやっていて、自分が引き継いだ」と言いました。

主が父親から家業を引き継いだ日と、その国王が父親から王位を譲られて即位した日が一緒でした。

こんなにも偶然が重なるのはめずらしいということで、二人はとても驚きます。

ほかにどのような共通項があるのか、国王がたくさんの質問を浴びせると、以下のことがわかりました。

結婚した日、妻の名前、子どもは男の子が二人。そして、その子どもの名前が同じなど、驚くほどの一致でした。

もしかすると双子で生まれていて、記録上で双子ではないと書いた可能性もゼロではありません。しかし、文献を検証していった結果、双子ではないという結論に至りました。

双子ではなく、まったく同じシナリオをたどった二人だったということです。

あまりにもよく似ていて、自分の分身のように感じたのでしょう。

国王は翌日、競技場のロイヤルボックスで競技を見る予定が入っていたので、そこにレストランの主を招待することにしました。

レストランの主はとても喜び、「必ず伺う」と言って国王を見送りました。

翌日、国王がいくら待ってもレストランの主は姿を見せません。国王がレストランに従者を向かわせました。

この従者が戻ってきて、国王に次のように伝えました。

「朝、猟銃《りょうじゅう》の手入れをしていたところ、暴発して主は亡くなってしまったそうです」

国王はレストランの主といろいろなことを語りあいたかったのでしょう。自分の分身のような男が亡くなったのを非常に残念に思い、とてもがっかりしたそうです。

会話が終わり、競技を見ようとした時のこと。暴漢が飛びだしてきて、この国王を射殺しました。

これはある文献に残っている実話です。

生年月日、名前、生まれた場所、父親の跡を継いだ日、妻の名前、子どもの数、子どもの性別、子ども二人の名前、亡くなった日が同じ。

すべて「偶然」と言えるのでしょうか。

それらの確率を計算したとしても、天文学的な数字でしかありえない話だということがわかります。

似たような人生ではなく、そっくりな人生だった。

仮に双子だったと考えたとしても、即位した日とレストランを引き継いだ日が同じ可能性はほとんどありません。

そして、妻の名が一緒で、子どもの名前が一緒と考えていくと、確率は天文学的な数字になります。

これは事実として記録にあるものなので、大変おもしろく、興味深いものです。

このような事実が一例あるということから、あることが推定されます。

それは、**人間の一生というものは、どうも何者かのシナリオによってできているらしい**。何者かが、たまたまコピーしてしまった。

あるいは、一人目のシナリオを書いたのに、どこかになくしてしまったと思い、コピーした。

または、こういう事実を知らしめる同じシナリオをもった二人が生まれてきた、ということ。

皆さんは、何者かがシナリオを書いたらしいという事実を知らないため、自分の意思で人生を組み立てられると思っている部分が多いと思います。

これは、二人の人間が同じ人生のシナリオを歩んでいった、という実例です。

こういう事例がわかると、人生観も変わってくるのではないでしょうか。

03

人生のシナリオを書いたのは自分自身

40年ほど、超常的な現象や超能力などを研究してきました。その結果、いろいろわかったことがあります。

わかったというのは、私なりにわかったという意味で、これが宇宙の絶対的な真理や法則であると言いきるつもりはありません。ただ、一人の人間が40年間同じジャンルのものを見続けてきて、一つの結論に至ったというのは、なかなか興味深いことかもしれません。

その結論を言いますと、**どうも私たちは、自分の人生を、生まれる時から死ぬ時まで、すべて事細かにシナリオに書いてきた**らしいのです。

どういう親を選び、どういう氏の家に生まれ、自分がどういう名前を付けられ、何年何月に生まれ（男に生まれるか女に生まれるか）、兄弟の構成はどういうものであるのか、あるいは親戚がどういう人で、隣のおじさん・おばさんがどういう人であるか、ということさえも、全部含めて**自分で選び、シナリオを書いて生まれてきた**らしいのです。

こういうことについては、唯物論《ゆいぶつろん》の私としては、最後までなかなか受け入れることはできませんでした。

しかし、たとえば、私は21歳の時に父親に「家業を継がないのであれば家を出て行け」と言われて追い出されたのですが、その追い出された結果として、司法試験の勉強を続けるために時間に拘束されずに済むアルバイトを考え、自分の好きな旅行関係の原稿をあちこちに送り、それがお金になり、それが本になり、印税収入が入り、その結果として生活が成り立ち、旅行作家として食べていける、ということになりました。

そして、旅行作家として旅先のいろいろな人の人相・手相見や、人生相談を受けているうちに、いつの間にか、人間の悩み・苦しみ・生きかたについて話をすることになり、それについて原稿を書き、それが本になり、出版社を興してくれる人が現れて、このような原稿や本を書くことになったわけです。

たまたま親に怒鳴《どな》られて家を出て、その結果として、今こういう人生論を話すような立場になっているわけですが、その家を出る1年ほど前に、ある人（高橋信次《たかはししんじ》さんという人です）から、「あなた方は（15人ほどの集まりでしたが）、釈迦《しゃか》の弟子の生まれ変わりだから、30歳を過ぎたら、好むと好まざるとにかかわらず、必ずそういう方向に引っ張られることになりますよ。覚悟してください」と言われました。

唯物論の私としては、そんなバカなことがあるわけないと一笑《いっしょう》に付《ふ》して帰ったのですが、それから家を出ることになり、今書いたように、結果としてここに連れて来られることになっていました。私の意思はどこにもありません。ただ、そういうふうになっていました。

そういうことを振り返ってみると、全部予定どおりに起きていたとしか思えないのです。

きちんと未来がわかっていて、そのとおり予言をする人がいる。そして、私自身も人の未来を予言したり予知できることがあるので、そういう事実が存在することを知っていますし、何回も確認しています。ですから、未来が本当に存在しなければ、そういう現象を予知・予言することはできないはずです。

未来が確定的に存在しているということは、今その人がどのような意思を持って生きているかということとは関係なく、必ずその出来事が起き、その事件が起きるのだ、ということが信じられるようになりました。

その論理を突き詰めていくと、こういう結論になります。

私たちの人生はすべて決まっている。しかも、それは全部自分が生まれる前に書いたものである、と。

『生きる大事・死ぬ大事』（イースト・プレス刊）の中で書いているのですが、何人かの人が、自分の死をまるで予言したかのように言って、数日あるいは数カ月後に亡くなっています。そういう実例をいくつも見聞《けんぶん》するにつけ、**人間は死ぬ時を自分**

自身で知っている、と思うようになりました。

そして、これは今や私にとっては確信です。間違いなく私たちには未来があり、その未来のシナリオのとおりに生きて、そのシナリオのとおりに死ぬ、ということです。

もし、これを自分の中に受け入れることができれば、次の結論はこうなります。

自分が書いたシナリオどおりに自分の人生が進んでいるのであれば、じたばたする意味はない。じたばたしても仕方がない、ということになります。

すべては自分の書いたシナリオである。ですから、私たちは自分の人生について何も考えずに生きていってよい、ということになります。

「何も考えずに生きていってよいのですか。どうしても何かを考えなくてはいけないのです」と言う人も世の中にはいます。ですから、何か考えたい人に対しては、私もたった一つ考えていることがあるので、それをお教えしましょう。

それは、「**念を入れて生きる**」ということです。「念」という文字を分解すると、「今」の「心」と書いてあります。**「今」の「心」とは、今、目の前にいる人を大事にし、今、目の前のことを大事にすること**。それだけです。

「念ずる」という意味には、念ずれば未来が呼び寄せられるとか、念ずれば自分のイメージどおりに未来をつくることができるとか、そういう意味は入っていません。**念ずるとは、ただひたすら今を大事にする心であり、今、目の前の人を大事にし、今、目の前のことを大事にする**ということに尽きるのです。

「念ずる」ということ、今を大事にするということ、それが、私が今考えながら生きている唯一のことです。

ですから、自分のシナリオどおりに人生が存在していることがわかってしまえば、過去どのような選択をし、どのような判断をしたかについて、悔やんでも意味はありません。何一つ悔やむ必要はないのです。**すべての選択、すべての判断が正しかった**。すべてその時々のベストの選択をし、ベストの判断をした、ということを私はお伝えしておきたいと思います。

同時に、未来、これから先、どういう状況になろうが、そこでどちらを選ぼうが、右を選んだら幸せになるか、左を選んだら幸せになるかというふうに考える必要はないのです。選びたい方のどちらを選んでもよい。選んだものが自分のシナリオである。未来は必ず自分が書いたシナリオどおりに進んでいくのですから、**未来について心配する必要はありません**。

今をひたすら生きること、今、目の前にいる人を一所懸命に大事にすること、それ以外に人生はないのです。今日寝て起きたら、明日ではないのです。今日寝て起きたら、起きた時は今日です。今日寝て起きたら、今日。

明日という日は永久に来ません。常に、今日、今、目の前に存在している人をひたすらに大事にし、やるべきことをひたすら大事にやっていく。

人生はただそれだけのようです。

04

がんばる必要はなく、すべてを宇宙にゆだねてみる

自分の人生が最初から最後まで、すべて自分の書いた「シナリオ」どおりだということを、自分が受け入れられるようになると、次の結論が導き出されます。

過去にさかのぼって、**「あの時にああすれば良かった」「こうすれば良かった」などと悔やむ必要は一切ないということ**。


以前、あるお茶のメーカーが募集した川柳で、大賞になった句に、

「プロポーズ　あの日に戻って　断りたい」

という作品がありました。

大賞に輝いたくらいですから、多くの人の賛同を得たのでしょう。「あの時、あっちの人と結婚をしていたら、私はもっと幸せだったのに……」「この人とさえ結婚していなかったら、こんな人生を送らずに済んだのに……」。そう思いたい気持ちもわからなくはありません。

けれども、自分には、今目の前にいるこのどうしようもない夫しか選べなかった

のです。夫のほうからすると、その妻しか選べなかった。どうしても、その選択しかなかったのです。

なぜか。**それが、自分が書いてきた「シナリオ」だったからです**。

ある講演会に、おじいさんを10年前に亡くされたという若い女性がきて、泣きながら私にこう言いました。

「あの時、10分早くおじいちゃんが倒れているのを見つけられていたら、おじいちゃんは助かったかもしれない、と救急隊員に言われました。そのことが、10年たった今でも頭から離れず、未だに助けられなかったことを悔やんで苦しんでいるのです。どうしたらいいのでしょうか」

もし10分早く見つけられていたら……と悔やむ気持ちはわかりますが、それは絶対にできなかった。宇宙の法則・仕組みを考えてみると、おじいちゃんはその時に死ぬようになっていた。そのシナリオはおじいちゃんが自分で書いてきたのだから、それは誰にも変えようがない。

そう話したら、その女性は「10年間ずっと苦しんできたことから、やっと解放されました」と帰っていかれました。

20人くらいの懇親会で、ある50代の男性がこう言いました。

「もうすでに自分の人生の『シナリオ』がすべて決まっているのなら、先のことを不安に思って悩むことはないんですね」

そのとおりです。過去に起こったことすべてが「シナリオ」どおりなのだから、それは未来についても同じこと。これからの未来もすべて「シナリオ」どおり。すべて予定どおりなのだから、悩むだけ損です。

病気や事故なども、すでにもう用意されていたものだった。そのことによって、悩みや苦しみが変じてストレスになることも、すべて「シナリオ」どおり。

そして、この本を読むかどうかの選択もすべて「シナリオ」どおり。この本を読んで穏やかな気持ちになるかどうかも、すべて「シナリオ」どおりです。**その時その時の選択はすべてが「ベスト」であり、「シナリオ」どおりです。**「間違い」などありません。「間違い」がないのだから、「正しい」もない。**ただ淡々と積み重ねていく**に過ぎません。

これからの未来、自分からどのような選択をしたら幸せになるのだろうかとか、こっちを選んだら不幸になるんじゃないかとか、そんなことは存在していない。**ただ選ぶ羽目になったほうを選べば良い、やる羽目になったことをやれば良い**、ということです。

もし、どうしても選択に悩んだら、**どちらに風が吹いているか、川が流れているか、を考えてみて、その流れているほうを選ぶ**。自分がどうしたいのかという気持ちは100分の1にして、99%の風が吹いているほう、川が流れているほうを選ぶ。そうしているうちに、宇宙からの意思が見えてきます。

１８２８年、新潟で大地震があった時、良寛和尚《りょうかんおしょう》が知人に送ったと言われている見舞い状に、次のような一節があります。

「災難に逢う時節には災難に逢うがよく候《そうろう》。死ぬ時節には死ぬがよく候。これはこれ災難をのがるる妙法《みょうほう》にて候」

災難に遭う時は、遠慮なく遭いなさい。病気になりそうになったら、遠慮なく病気になりなさい。死ぬ時は遠慮なく死になさい。それが災難よけの最良の方法である。

がんばる必要はない。

すべてを宇宙にゆだねてみてはどうでしょうか。

ゆだねるといっても、実は、それが示してくれる環境は、すべて自分が生まれる前に「シナリオ」に書いて用意してきたものですから、自分にとって悪いようにはなっていないのです。

05

人生のシナリオは、前半分と後ろ半分がワンセット。不幸と思える出来事は、その後に訪れる「幸せ」の先払い

これまでに何度もお伝えしていますが、私たちは、生まれた時から死ぬ時までのすべてのシナリオを書いて、この世に生まれてきました。私たちの人生は、そのシナリオどおりに現象が起きているだけなのですが、人間は未熟ですから、物事の前半分だけを見て、「良い・悪い」「幸・不幸」と答えを出してしまいがちです。

一見、不幸だと思える出来事が起こっても、それは長い目で見てみると、まったく不幸なことではありません。この因果関係がわかってくると、「今の状況に至るためには、その出来事が絶対に必要だった」「あの体験のおかげで、こんなにいい出会いがあった！」……ということに気がつきます。

人生のシナリオは、前半分と後ろ半分がワンセットで、幸せを感じられるようになっています。つまり、前半の部分がなければ、後半に幸せを感じることがないのです。

とてもお腹が空いていたら、それだけ食事がおいしく感じられるのと同じです。このような法則がわかったら、目の前の出来事を一つひとつ、肯定したり否定したりする必要はなくなるでしょう。

宇宙が私たちに示しているのは「現象を論評・評価する必要はない。不平不満・愚痴・泣き言・悪口・文句を言うべき出来事は、本来、宇宙には存在しない」ということではないかと思います。

私たちのシナリオは、すべて自分自身が設定した、喜びのためのプログラムなのです。

私の講演会を主催してくださる方で、お正月に手首を複雑骨折した人がいました。右手だったので日常生活を送るのにも大変不便で、しかも毎日痛くてしょうがないという状態だったそうです。

3月にその方の主催で講演会があった時、その人は「この講演会を支えとして、今日までやってきました。私は正観さんの話を聞いていたので『ありがとう』を言うと細胞がどんどん元気になるのを知っていましたから、毎日『ありがとう』を言い続けて過ごしました」と言いました。

私はそれを聞いて、「手を折ったのは、初めてですか」と尋ねると、今までの人生で骨折すること自体が初めてだったそうです。そこで私は、

「お正月にケガをしたんですよね。じゃあ2月か3月に、一生涯起きないようなすごいことが起きませんでしたか？」

と尋ねると、その人は3秒ほど考えて、「あー、ありました！」と叫ぶのです。

どういうことが起きたかというと、その人は俳句をされている俳人なのですが、3年ほど前に私に出会ってからつねに「ありがとう」を言う生活を送っていたそうです。

すると、つくる句がたびたび入選するようになりました。技術的にはそれほど変わっていないそうですが、**「ありがとう」を言い始めたら、まったく今までと違う状況になったと言うのです**。そして2月に、とても権威のある俳句雑誌の巻頭に、その人の俳句が選ばれたそうです。

俳句仲間からも「あの雑誌で巻頭を飾るなんてすごいわ。めったにないことよ、お

めでとう」というお祝いの言葉をたくさんもらったそうです。これは大変名誉なことで、まさに、一生に一度の快挙だそうです。

皆さんもこれは覚えておいてください。

生涯に一度しか起きないような大事件や大事故に遭った人は、それから半年以内に、その代償を支払った喜びがやってきます。

自分にとって、ものすごく楽しく幸せで喜びだと思うことが待ちかまえているはずです。

同じように10年に一度しか起きないような体験をした人は、その半年以内に、10年に一回しか起きないようなすごいことが起きます。

不幸と思える出来事が起きた時、その後に訪れる幸せの先払いをしていると考えたらどうでしょう。前半分と後ろ半分で、必ず「幸せのワンセット」になっているようです。

06

こだわりや執着を捨てて
風向きに身をゆだねると、
楽な人生が待っている

就職、転職などの相談を受ける機会も多いので、ここでは仕事に関する宇宙論をお話しします。

仕事というのは字を見てもわかるように、「事」にお仕えする、というのが本来の意味です。そして、すべての仕事は、「**いかに喜ばれる存在になるか**」という性質を含んでいますから、どのような仕事に就いてもいいと思います。

若い時は、自分の望みどおりの仕事を選びたいと思うのが当然だと思いますが、40代を過ぎ、「人生の折り返し地点を過ぎたかな」と思う人は、自分で「何かをしたい」と考えるより、頼まれごとを引き受けていくスタイルの方が、楽なように思います。

たとえば、転職を希望するというよりも、自分が今置かれている所で「いかに喜ばれる存在になるか」ということをやっていくと、どうも面白い風が吹いてくるみたいです。

次ページの図のような競技場があるとします。

図　人生の前半生と後半生

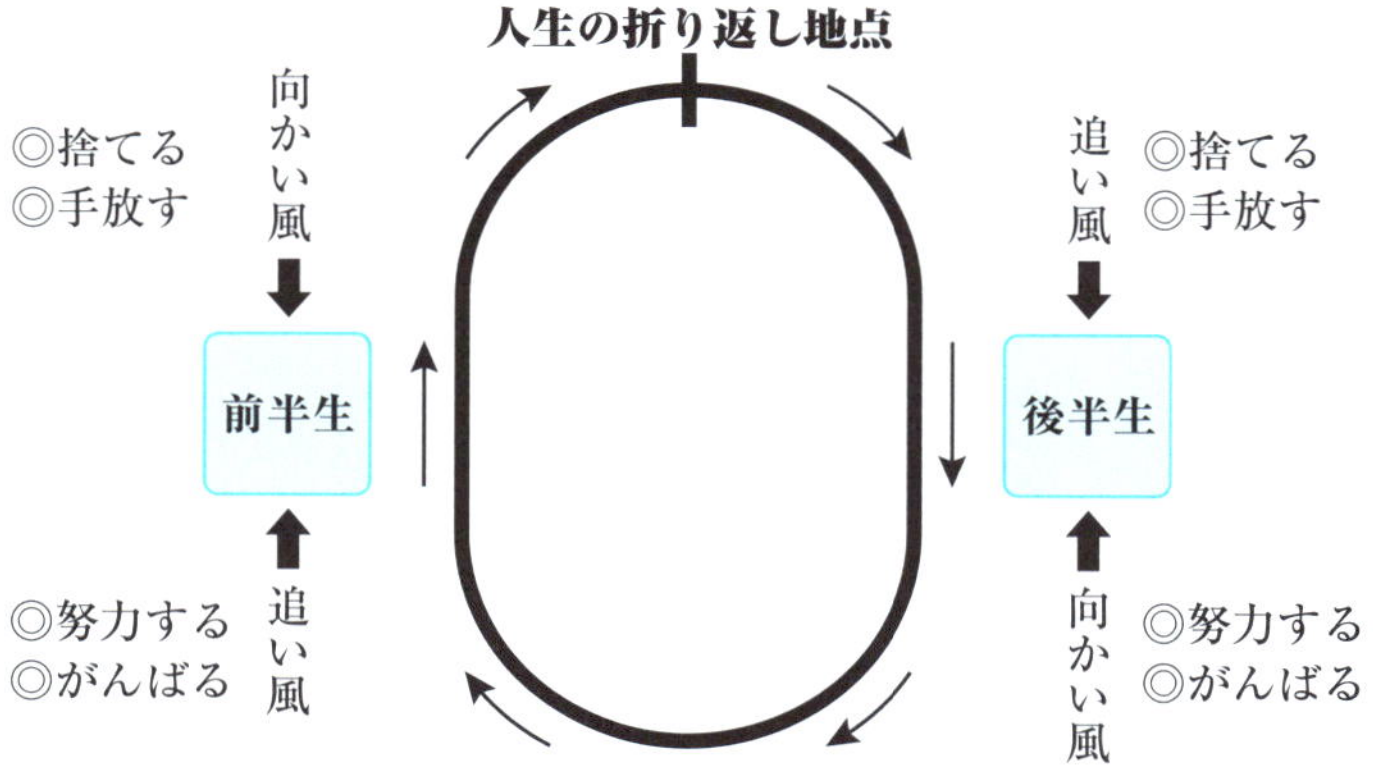

風圧を考えれば、自分が今、どこにいるのかわかる

競技場の真ん中は折り返し地点になっていて、これは人生の折り返し地点だと思ってください。折り返し地点までが、前半生です。

この競技場を、私たちはマラソンランナーのように走っています。

走る途中には風が吹いていて、**人生の折り返し地点まで（前半生）は、努力しがんばることが追い風になってくれます**。

ところが、折り返し地点を過ぎると（後半生）、努力して求めれば求めるほど、同じ風が今度は向かい風になります。逆に、**捨てていくことが追い風になってくれる**

のです。この「捨てる・手放す」のは、物ではなく「自我」（何かをしたい、得たいという思い）です。

人生の構造は、このような原理になっているようで、これは仕事を選ぶ際にも役立ちそうです。

前半生では、夢や希望を持ち、何かを得たいと思うパワーやエネルギーが強ければ強いほど、それが原動力となって前に突き動かしてくれます。追い風ですから押していってくれます。ですから、若い時に自我を「捨てる・手放す」ことは、かえって向かい風になります。

しかし、若い時に追い風だったものが、折り返し地点を過ぎた所から突然風向きが変わり、努力してがんばって望めば望むだけ、求めれば求めるだけ、それは向かい風になります。

逆に、**こだわりや執着を捨てれば捨てるほど、後半生からは、向かい風が小さく**

なって、追い風の力が大きくなります。

この構造を考えると、今まで信じていたことが前半生と後半生ではまったく逆の力になって、自分にかかわってくるということがわかります。

「折り返し地点」が人生の半分と考えると、**折り返し地点を過ぎたと思う人は、捨てて手放していけばいいのです**。何かに執着してそれを得ようとするより、自我を手放して、いかにその風に吹かれていくかを考え始めると、状況は一変します。

この構造がわかってくると、もう迷わずに生きていけるのではないでしょうか。

「がんばりなさい、努力しなさい」と言われ続けて、いつまでもその方向だけで人生を組み立てていくと、折り返し地点を過ぎてからは逆風をもろに受けます。

後半生では自我を手放し、こだわらない、とらわれない、欲求欲望に支配されていない状態になると、仕事の成果はかえって上がってくるようです。数字を追い求めないと、逆に数字がついてくるのでしょう。

「もう、自分は折り返し地点を過ぎたな」と思う人は、こだわりや執着を捨てていく生きかたをおすすめします。風向きに身をゆだねることができたら、ものすごく楽な人生が待っています。

後半生は、捨てれば捨てるほど、心も体も楽に軽くなっていきます。軽くなるということは、追い風が吹いてくれれば自分の足で歩かなくてもすむということです。風が押してくれますから、どんどん前に進んでいきます。

風圧が示してくれている自分の今のポジションがわかったら、安心して風に吹かれていくことができるでしょう。

07

私たちにできることは、
本当の自分を
探すことではなく、
今、目の前のことを
一つひとつ淡々と
やっていくこと

「自分探しをして30年、どうしたら本物の自分が見つかるのでしょうか」と質問する人がいます。私の答えは、

「今のあなたが本物の自分です」。


あなたの中に、ほかにすごい人がいるわけではなくて、今生きているあなたが本物です。

「今は主婦やOLをしているけれど、本当はもっとすごいことができるんじゃないか」

「違う自分がいるんじゃないか」と思っているから主婦やOL、現在の仕事に本気になれないのです。

本気になってやらないから、全部が中途半端。だから本当の自分にも出会えないのです。「今の自分は本当の自分じゃない」と、今の自分を90％否定しているのです。

自分探しをしている人は、探し続けてもいいですが、おそらく出会えないでしょう。**私たちにできることは、本当の自分を探すことではなく、今、目の前のことを、一つひとつ淡々とやっていくことしかありません**。

一所懸命やらなくていいし、必死になってやらなくてもいいのです。ただ、力を抜いて、淡々とこなしていけばいいのです。

自分がやるべきことを淡々とこなし、その過程では不平不満・愚痴・泣き言・悪口・文句を言わない。

そういう生きかたが、大きな宇宙空間でいうと**神を否定しない生きかた**ということになります。

08

目の前のこと・人を
大切にすることで
自分の未来がつくられる。
人生はその繰り返し

私たちの周りで起きているすべての現象、人生のあらゆる出来事に、**重要なこと・重要ではないこと、大きいこと・小さいことの区別はありません**。

「小さいことの定義ってなんですか？」と聞かれても答えられないですね。

何かの現象について、その時は小さいこと、些細なことと思っていたけれど、それがなければ、今、ここにいなかった、今の自分はなかった、ということは誰でも経験があるのではないでしょうか。それを考えたら、大きいことと小さいことの区別はつかないように思います。

実際にあった状況を取り上げて説明しましょう。

私が出た高校の同級生の一人が、大学にも行かず、就職もしないで、とりあえずアルバイトで晴海のイベント会場でコーラの販売をしていたそうです。

ある時、そのコーラ売り場の前をアメリカ人の夫婦が通りかかり、70歳ぐらいのご主人が足を滑らせて倒れてしまいました。彼は走り寄って助け起こし、ケガの手当てをするなど、いろいろやってあげたそうです。

すると、その夫婦は「あなたのような親切な人に、初めて出会った」と大変に感激し、「実は、私たちは結婚して40年になりますが、子どもはいません。あなた、私たちの養子になりませんか」と言われたそうです。

彼としては別にほかにすることもなかったので「わかりました。いいですよ」と言って、アメリカに渡り養子になりました。

そこで彼は語学を学び、大学にも行かせてもらって、卒業してからは企業買収の専門家になりました。その彼は、今では日本に戻り、その分野で最大手の外資系企業の社長をやっているそうです。

「コーラの販売をしていた」「前で人が滑った」「その人を助け上げた」……これらは皆小さいことのように見えますが、結果としては小さいことではありませんでした。因果関係がわかった時には、一つひとつがものすごく重要で、大きな出来事だったと気がつくでしょう。

あなたも自分の人生を振り返った時、何気ないと思っていた出来事の積み重ねによって、今の自分が存在していると認識できるのではないでしょうか。

どのような局面においても「大きいこと」「小さいこと」の判断は必要なく、「**目の前のことを、いかに丁寧にきちんとやっていくか**」が大事だとわかります。一つひとつの現象、そのすべてが尊いことだとわかるのです。

さらにわかりやすく説明すると、**人生は「ドミノ倒し」**だと思ってください。

ドミノ倒しのごとく人は生きていき、最後のドミノ1個がパタッと倒れた時、人生を終える。これらのドミノは、すべて同じ材質、同じ厚さ、同じ形状です。大きい小さいはありません。重さも全部一緒です。

人生はドミノが1個ずつ、ただ淡々と倒れているだけなのです。

自分の目の前に現れる人が、小学生であろうが、中学生であろうが、大人であろうが、大会社の社長であろうが、出会う人は全部一緒です。

それを一緒だと思えるかどうかに、その人の人間性が表れます。

社会的な地位や権力によって人の見方が変わるというのは、まだ自分の中に人格的なものが形成されていないということです。出会う人のすべて、些細に見える出来事のすべてが、人生を成り立たせるうえで必要不可欠であり、またそれらは全部、同じ価値だということに気がつくと、何も怖くなくなります。

100回会った人と、今日初対面の人とで、重さの違いはありません。

人生でもっとも大事なのは、今、目の前にいる人です。

その一人ひとりをきちんと受けとめていくことで、その後の人生は組み立てられる、ということです。

1個1個のドミノは、それ自体が過去の結果です。そしてまた、次のドミノを倒す原因になっています。

今、目の前にいる人を大事にすることで、自分の未来がつくられていくのです。

人生は、その繰り返しです。

09

病気や事故もシナリオどおり。「好き」「嫌い」ではなく「淡々と生きる」と、優しく、謙虚になる

私は、年間３００回ほど全国を飛び回って講演をしていますが、「よくがんばりますね。よくバテませんね。よっぽど好きなんですね」と言われます。

けれども、好きでやっているわけじゃありません。努力もしていないし、がんばってもいない。だからと言って、嫌々やっているわけでもない。

多くの人は、必ずと言っていいほど「好き」か「嫌い」かを問いかけます。実は「好きだからやっている」「嫌いだからやっていない」という選択のほかに、人生には**三つ目の選択**があります。

それは「**淡々と生きる**」ということです。

「好き」だの「嫌い」だの、目の前に起きた現象やものについて、いちいち評価・論評しないで、自分が定めた「シナリオ」に沿って起きているのだから、**ただ淡々と「そういうふうになりましたか」と言いながら生きる**、ということです。

病気や事故など、いわゆる「イヤなこと」「不幸なこと」と思い込まされていることも、結局は自分で書いてきた「シナリオ」どおりに起こっているだけのこと。

たとえば、病気をすることによって、人は、病気をする前よりもした後のほうが優しくなります。

元々が優しいのに、何かのきっかけで競争の世界、比べ合いの世界に入ってしまって、人を蹴落とさなければならなくなった人は、元々がすごく優しいので、優しさに戻ろうとする。その時に、体は病気という現象を選びます。

そして、**病気をする前と後では優しさが全然違う。とても優しい人になる。**

事故も、起こす前と後とでは謙虚さが全然違う。とても謙虚になる。

ですから、病気や事故などに出合っても、それはもう「シナリオ」どおりに起きたことなのだから、淡々と受け止めて生きていればいいのです。

10

「人に喜ばれる存在」になった喜びは、人間にとって最大の喜び

人生の目的は、人生を楽しむこと。

では、人生を楽しむとはどういう生きかたをすることでしょうか。

どこかのテーマパークや遊園地に出かけて、ジェットコースターやお化け屋敷でキャーキャー騒いだり、おいしい料理とお酒を味わったりすることとは、根元的に違います。

真の人生の楽しみ方というのは、

「**自分の存在が喜ばれているという喜びを、実感しながら生きていく**」

ということ。これがいちばん楽しい人生の過ごし方です。周りの人に、

「あなたがこの世にいてくれて嬉しい」

と言ってもらえる。それが喜びであり、楽しみであり、幸せだと感じる日々を送ることです。

ものすごくほしい物を手に入れた。それも楽しい、幸せなことかもしれませんが、

喜びの質も大きさも違う。**「人に喜ばれる存在」になった喜びは、人間にとって最大の喜びなのです**。

人の上に抜きん出て優れた人になるのではなく、どんなポジションでも、どんな側からでもいいから、自分の持っている特徴、特性を生かして、社会に参加する。

たとえば、家をつくるという大工さんの仕事は、社会で喜ばれています。壁塗りをする左官屋さんも、素人には到底真似できない技で、丈夫な壁に仕上げてくれます。

職人の世界だけではありません。新聞や牛乳を配達する人も喜ばれています。電車の運転士や旅客機のパイロットも喜ばれています。プロスポーツ選手のように人に感動をもたらして喜ばれている人もいます。お笑い芸人のように人を笑わせて喜ばれている人もいます。

重要なのは、本人が「喜ばれている」と実感して生きているかどうかです。

11

人間が死ぬのはすべて「寿命」。寿命という名の「個性」

ここで覚えておいていただきたい宇宙の仕組みが一つあります。

人間は病気で死ぬことはありません。事故で死ぬこともない。老衰で死ぬということもない。**人間が死ぬのはすべて「寿命」です**。「病気」という名の寿命、「事故」という名の寿命、「老衰」という名の寿命。**寿命というのは個性**だということを覚えておいてください。

いつ、どうやって死ぬのかというのは、それはその人の個性です。体重が何キロで、身長が何センチで、どんな顔をしているのか……というのと同じ、個性。

ですから、自分の中で「死」をどうこうしようという必要がない。ただそれを生まれ持ってきただけのこと。その体重で、その身長である、のと同じように、そうやって「死ぬ」という「シナリオ」を持って生まれてきただけのことなのです。

そのことがわかると、「長生きしよう」などと考える必要がありません。「長生きしたい」などと考えていない人のほうが長生きをする。実際に、年齢とか、命とか、死とか、そういったものを考えていない人のほうが長生きをしています。

鹿児島県に泉重千代《いずみしげちよ》さんという男性がいました。120歳237日という長寿で、大還暦（二度目の還暦）を迎えた人です。

この方が118歳の時に世界最長寿ということで記者会見を受け、新聞記者からたくさんの質問を浴びせられました。


「どんな食生活をされているんですか」

「黒砂糖の焼酎をチビチビ飲んでいる。この生活がすごく楽しいんじゃ」

「ラクに生きるコツは？」

「くよくよしないことじゃな」

「好きなタイプの女性はいらっしゃいますか」

「好きなタイプの女はおるよ。そうじゃなあ、わしは年上の女が好みじゃ」

泉さんは世界最長寿ということで会見を受けているのだから、年上の人はこの世にはいない。けれども、泉さんには、自分が歳をとっているという自覚がない。自分の歳のことを完全に忘れている。自分が何歳なのかなどに関心を持たない、ということが長寿の秘訣なのかもしれません。

これは、「**執着しない**」ということにもつながるのですが、要は、「長生きしなくちゃ」などと気に病む必要はないし、「いつ死ぬんだろうか。そろそろ死ぬんじゃないだろうか」などと不安がることもない。すべて「シナリオ」どおりなのだから、それも個性だと捉えるだけのことなのです。

第2章

悩み・苦しみ・執着から解放される生きかた

12

「ストレスを感じない体」をつくる方法は簡単。「思い通りにしたい」という思いを持たなければいい

私はほぼ毎日3～5時間睡眠で、30年近くその生活を続けてきました。意外にも、風邪をひいて寝込んだことはありません。おそらく「ストレス」を感じていないからでしょう。誰もが一度は体を壊したことがあると思いますが、体が壊れていくには過程があります。

1番最初は「ストレス」。

2番目は「疲れ」です。ストレスを放っておくと、「疲れ」になる。

3番目は「痛み」。疲れを放置しておくと、「こり・張り・痛み」になる。

4番目は「病気」。こりや張り、痛みを放っておくと、臓器が故障してしまう。これが「病気」。

そして、5番目は「死」。「臓器の故障」が「臓器の停止」になった時が「死」。

これが体が壊れていく順番です。2番の「疲れ」なくして、3番の「こり・張り・痛み」にはつながらないし、3番の「痛み」なくして、急に「病気」にはならない。

つまり、体が壊れていく1番の入り口は「ストレス」にあるわけです。

だったら、「ストレス」を感じない体をつくってしまえばいい。

「ストレスを感じない体」をつくる方法は簡単です。「ストレス」が生まれる原因は、「悩み・苦しみ」。「悩み・苦しみ」が多ければ多いほどストレスも強くなる。だったら、**「悩み・苦しみ」を持たなければいいのでしょう**。

「悩み・苦しみ」をどうしたら持たずにいられるのか。**「思いどおりにしたい」という思いを持つことをやめること**。これだけです。

「思いどおりにしたい」と思っているのに、現実がそうならないから「悩み・苦しみ」になる。それがわかったら、「思いどおりにしたい」という思いを持たなければいい。

「こうありたい」「こうであって欲しい」という執着を持たなければ、「不平不満」「愚痴」「泣き言」「悪口」「文句」、私はこれを「**五戒**《ごかい》」と呼んでいますが、この「五戒」を言うこともなくなります。

13

悩みとは、自分自身が
つくり出している
「思いどおりにしたいけれど、
できない」という思いのこと

70歳の女性が、私に次のような質問をしました。

「90歳になる母が、新築の家に20年前の型の新しいキッチンを入れたいと言ってきました。私は最新のシステムキッチンを入れたいのですが、母は頑として譲りません。どうやって説得したらいいでしょう」という内容でした。

「それは誰の家ですか？」

と私は聞きました。

「母の家です」

「住んでる人は誰ですか？」

「母です」

「キッチンを使うのは誰ですか？」

「母です」

「じゃあ、あなたは関係ないじゃないですか」

「でも母が亡くなった後は、私がこの家に入る予定なんです」

「では亡くなってから考えたらいいじゃないですか」

このように、**悩みの多くは、「自分の思いどおりにしたいが、できない」ということから生まれます**。自分の思いどおりにできないことが、悩みだと思い込んでいるのです。

決してあなたを悩ませる現象があるわけではなくて、**あなた自身が悩みをつくって勝手に悩んでいる**ということなのです。

その後、同じ女性が私にまた質問をしました。

「実は、40歳になる息子がいるのですが、2週間前に交通事故をおこしました。どうしたらいいでしょうか」

「40歳だったら、十分に事故の処理はできますし、判断能力があるんじゃないですか？」

「はい、あります」

「だったら70歳のあなたが考える必要はないんじゃないですか？」

「でも私の息子なんです」

息子かどうかは関係ありません。

その息子さんは、少なくとも70歳のその女性よりも、いろいろ知っているだろうし行動できるのではないでしょうか。

つまり、この女性が考えたり心配したりする必要はないということです。

「もしかしてあなたは、今まで人間関係が大変だったんじゃないですか？」

と聞いたところ、その女性は10秒くらい考えてから答えました。

「ありとあらゆる人間関係が大変でした」

「家族関係も隣人関係も友人関係も、すべて大変だったんじゃないですか？」

「全部、大変でした」

それもそのはずです。**この女性が考えている悩みや苦しみというのは、すべて自**

分の思いどおりにしたいだけなのです。

自分の思いどおりにならないことが問題だ、悩みだと思っているだけです。**世の中には、自分の思いどおりになることは、一つもありません**。それにも関わらず、この女性は自分の思いどおりにすることだけを一生涯かけてやってきたのです。

一生涯かけて、自分で悩みを産み落としていたということです。

悩み苦しみの多くは、自分の思いどおりにしたいだけだ、ということに気がつくのではないでしょうか。

14

「強靭《きょうじん》な精神力」の持ち主は、「問題を問題と認識しない」力を抜いた生きかたのできる人夏目漱石《なつめそうせき》の俳句の師匠は、正岡子規《まさおかしき》（明治の俳人）ということになっています。漱石と子規は、東京大学の同級生でした。夏目漱石の本名は、「夏目金之助《なつめきんのすけ》」といい、彼に「漱石」という名前を与えたのは、子規でした。もともとは子規のペンネームの一つでしたが、のちに金之助が譲り受けたのです。

「漱石」とは、中国の古典にある「漱石枕流《そうせきちんりゅう》」という故事に由来しています。「漱石枕流」とは、「石で口を漱《すす》ぎ、川の流れを枕とする」という意味だそうです。

しかし本当は、「枕石漱流」、つまり「石に枕し、流れに口を漱ぐ」が正しく、「大志を抱いたものは、家や収入がなくても、朝は川の水で歯を磨き、夜は石を枕にして眠る。そういうストイックな暮らしをしながら、努力するものだ」という思想を表現しているとのことです。

中国のある隠遁者《いんとんしゃ》が、当時の王に、「枕石漱流」と言おうとしたところ、間違えて、「漱石枕流」とさかさまに言ってしまったのです。王が間違いを指摘すると、隠遁者は「しまった」と思いながらも間違いを認めずに、「いや、本当の聖人たるものは、石で歯を磨き、浮世のくだらない流言《りゅうげん》を聞いた耳を川の流れで洗うのだ」と言い張ったのだそうです。この中国の故事から、「負け惜しみの強いこと」「ヘリクツをこねること」を「漱石枕流」と言うようになったとのこと。

子規は、中国古典のおもしろさを知る友人、夏目金之助に、「あなたは、漱石と名乗ったらどうだ」と言ったのです。

正岡子規は、34年間という短い生涯のうち、後半生のほとんどを病床で過ごしています。肺結核をこじらせて、「脊椎《せきつい》カリエス」を患《わずら》っていたそうです。

正岡子規の本名は、正岡常規《まさおかつねのり》です。「子規」とは「ホトトギス」の別名ですが、鳥の名をペンネームに使ったのは、肺結核で血を吐いていたことに由来しています。「鳴いて血を吐くホトトギス」という言葉があります。ホトトギスは口の中が赤いので、鳴くと血を吐いているように見えます。彼が「子規」をペンネームにしたのは、

「ホトトギスみたいに口が血で真っ赤だ」という、彼なりのブラックジョークなのでしょう。

俳句においては、「**感想を一切排除し、客観的に、ありのままを俳句に詠む**」のが、子規の考え方であり、当時は非常に革新的でした。

「柿くへば　鐘が鳴るなり　法隆寺」の句は、子規が28歳の時に、病床を抜け出して奈良に行った時に詠んだ句で、子規の最も有名な句です。

脊椎カリエスの激痛に苦しんでいながら、その痛みについては何も書き残していません。この句は、旅の途中で痛みに耐えながら詠んだ句とは思えないほど、人の心を癒します。痛み、嘆き、死への恐怖といった内面の問題はいっさい句の中に投影しないという、子規の文学論を実践しているように思えます。

死と隣り合わせで血を吐く自分の姿さえ笑いのネタにし、痛みや嘆きというものを句の題材にしなかった子規は、いわば「**強靭な精神力**」を持った人といえるでしょう。

強靭な精神力とは、「何も感じない自分」をつくることです。

私たちは、問題と向き合った時、「どうやって解決するか?」を考えます。しかしそれでは、永遠に問題はなくなりません。努力してがんばって手に入れるものではないようです。「**強靭な精神力」を持つには、「問題を問題と認識しない」こと**。子規のように、病気をも笑い飛ばして、問題を問題としない、力を抜いた生きかたのできる人が、本当の「強靭な精神力」の持ち主ではないでしょうか。

15

不平不満・愚痴・泣き言・悪口・文句を言わなくなると、「頼まれごと」が増える

私は**五戒**《ごかい》ということをたびたび口にします。**五戒とは、不平不満・愚痴・泣き言・悪口・文句の五つの言葉です**。この五つを口にしないように戒《いまし》めようというのが、私の唱える「五戒」です。

この不平不満・愚痴・泣き言・悪口・文句が常に連続し、それが心の中にすみついて腐敗し始めた状態、つまり、恨みごとや憎しみの心が継続的になったことを**「う・に・の」（恨み・憎しみ・呪い）状態**と私は名付けました。

怒りや憎しみが常に続いている「う・に・の」状態を、戒めるのではなく、しないことにする（禁止する、自分の心の中から取り除く）というのが「**三禁**」です。五戒は不平不満・愚痴・泣き言・悪口・文句を言わないようにするという戒めです。「**三禁五戒**」という言い方にしました。

もともと、五戒を守ることができれば（五つの戒めを乗り越えることがなければ）、三禁に至ることはありません。ですから、三禁を無理やり自分の人生目標の中に持ってこなくてもよいと思います。入り口は五戒の部分です。不平不満・愚痴・泣き言・悪口・文句を、いかに口にしないかということになります。

さて、**不平不満・愚痴・泣き言・悪口・文句を言わなくなると、3カ月から6カ月くらいして、突然に頼まれごとが始まります**。

仮に1日に1個、不平不満・愚痴・泣き言・悪口・文句を言ってきたとすると、365日（1年）で365個、10年で3650個言っていることになります。だいたい普通の人は数千個言っていることでしょう。3000個言ってきた人は約3カ月間、6000個言ってきた人は6カ月間ほど、不平不満・愚痴・泣き言・悪口・文句を言わないでいると、初めて次の領域に到達するようです。「**頼まれごとワールド**」というのが始まるのです。

頼まれごとがあった時に、もう不平不満・愚痴・泣き言・悪口・文句を言わないという状態になっているわけですから、多分、断ることはないでしょう。体が空いていたら（時間が空いていたら）引き受ける。空いていなければ引き受けない。それだけです。

16

「人生のシナリオを
書いたのは自分自身」と
理解したら、
五戒が出なくなる

よく聞かれる質問にこんなものもあります。

「五戒は、声に出さないということはわかったけれども、思っていてもダメなのですか」

実は、**思っていると、不平不満・愚痴・泣き言・悪口・文句というものは必ず口に出ます**。思っているだけで口に出さないというのは、人間にはほとんど不可能だと言っていいでしょう。

では、どのようにすれば、思わなくなるのか。方法が一つだけあります。

今、私たちの中に入っているソフトウェアは、多分、「私の人生や運命は、神様がつくった」というものです。それを、まったく違うソフトウェアに入れ替えるのです。

そのソフトウェアには「**私の人生はすべて私が自分で設計図を書き、シナリオを書いた**」と書いてあります。そのソフトウェアを頭に入れた瞬間に、もう不平不満・愚痴・泣き言・悪口・文句は出てこなくなるでしょう。なぜなら、自分自身がそうプログラムしてきたのですから、**文句を言う相手などどこにもいないからです**。

ある女性が、「私は一切、五戒を口にしていないから、夫や子どもに五戒を言わないよう注意しよう」と決意して、日常生活を送っていたそうですが、毎日毎日自分が言っているということに気がついて、大変衝撃を受けたとおっしゃっていました。

「自分は絶対言っていない」と思っている人でも、もう一度、日常生活の中でチェックしたほうが良さそうです。


そうは言っても、多くの人にとって、「五戒」を言わないということは、たった1カ月でも、思ったより難しいようです。

たとえば、「五戒」を言わないように続けていたのに、ついうっかり「五戒」を口にしてしまったとしましょう。3カ月言わないように決めていたのに、うっかり1カ月目に言ってしまった。

けれども**10秒以内に「今のはナシナシ。間違いです」と言えば、それは「五戒」**

を言ったことにはなりません。「五戒」がリセットされます。

「五戒」を口に出して言えば言うほど、その〝種〟を自分の身の周りに蒔いてしまっているのですが、何よりも問題なのは、自分が「五戒」を言っていることに気がつかないこと。ですから、**「今、五戒を口にしてしまった」と気がつくことが大切です**。

宇宙の法則として、自分が投げかけたものは、倍になって自分に返ってくるようになっています。「五戒」を言えば言うだけ、それを言いたくなるような出来事が返ってくるのです。

まずは1カ月間、一切「五戒」を口にせず、結果、周りからさまざまな「頼まれごと」が持ち込まれるようになったら、それはもしかすると、使命や役割を果たすような状況になった、ということかもしれません。

「悟り」とはそれほど難しいことではありません。今日までの自分に起きたこと、目の前に現れた人、などに対する不平不満・愚痴・泣き言・悪口・文句を一切言わないこと。そして、それらがすべて自分の人格を向上させ、魂を磨くために必要だったと受け入れ、感謝すること。それが、私の言う「悟り」です。

17

「自分はついている人間だ」と気づき、言葉にすると、周りの状況や人間関係が一変する

質問というのは99％は否定をするためにあります。質問という形をとって否定をしているのです。

「なんでこんなに雨が続くのだろう」と、質問の形をとって雨が気に入らないと言っています。「なんでこんなに日照りが続くのだろう」と、日照り続きが気に入らないと言っているのです。

ある時、60歳前後の女性が私に質問をしました。話し始めて40秒ほど経った頃に、私は言いました。

「あなたは相談の形をとっているけれども、今言ってることは、不平不満・愚痴・泣き言・悪口・文句ですよ」と。

その女性の話はこういうことでした。

大きな商業ビルの中に、その女性は何かのお店を持っていたそうです。ビルが全面改装することになり、次に彼女に与えられた場所は端っこでした。お客さんが全然来なくなり、売上げも上がらない。どうしたらいいだろうか、という質問でした。

その女性は、立地条件が悪くなったのでお客が来なくなったと言うのですが、本当にそうでしょうか？　そのお店には、それまでお客さんはついてなかったのでしょうか？

私はこのように言いました。

「今まで人の流れのいいところにいて、店の売上げは確保できていたけれど、今は売上げが悪くなったということを、１００人以上の人に言いましたか？」

「はい、言いました」

「公言して回った人たちは、その後、お店に来ていますか？」

「いえ、来ていません」

「そうでしょうね。それを聞いた人は、皆来なくなりますよね」

この意味がわかるでしょうか。

つまり、私はついてません、天上界から見放されています、愛されていない人間です、と100人以上の人に公言したことと同じです。

彼女のそんな話を聞いて、皆この人のお店に好意的になるはずがありません。

その反対に、**私はついてるんです、宇宙からも神仏からも、多くの人からも応援してもらっているのですよ、と言うとそれを聞いた人は、「この人のそばにいたら何かいいことがありそう」と思うのではないでしょうか。**

もしその人がいつもニコニコして、「なんの努力もしないで、ここまでやってこれました」と言っていたら、その商業ビルの責任者は、「そんなに運がいい人なら、一等地に据えようか」と思ったかもしれません。

今までその女性は商売を続けることができ、ある程度の暮らしができました。それにもかかわらず、その人の口から出る言葉は、すべて「気に入らない」ということだらけです。

自分が９９９９個も恵まれた環境にいるのに、自分の気に入らない一つを挙げて、「これをなんとかしてくれ」と文句を言っているのです。

それを聞いている神様は、とても悲しく空しく思うのではないでしょうか。

私たちは、自分がどれほどついているかということに、もっと気がついたほうがいい。そして気がついたら、それを喜びの言葉として口に出したほうがいいのです。

自分がどれだけラッキーでついているか、と言っていると周りの状況や人間関係が一変していきます。

18

幸せな人たちに囲まれる たった一つの方法

アメリカの大リーグのピッチャーが、記者から「イチロー選手をどう思いますか」と質問を受けることがあります。

その時にもし「彼なんか簡単に打ち取ることができますよ」と答えて、ホームランを打たれたら、その人は格好がつかなくなるでしょう。結果的に、その発言が自分の価値を下げることになったということです。

ほとんどの人がイチロー選手のことを「とても素晴らしい選手で、こんなに天才的なバッターはいない。100年に一人ぐらいの逸材だと思う」と褒めています。そう言うのは、「自分も認めた天才」を打ち取ったら、自分が格好いいということになるからです。

アメリカ人は、このような褒め方を損得勘定として使いこなしているように思えます。**相手を褒めれば褒めるだけ、自分の価値が高まる**ということをわかっているのです。イチロー選手から三振を取った時、褒めた自分の価値が高まることを知っているのです。

講演会の後などに、「姑《しゅうとめ》はイヤな人なんです」と相談に来る人がいます。

このように、**自分のすぐそばにいる人の愚痴や悪口を言うことは、自分の価値を低めているということに気がついたほうがいいかもしれません。**

夫、子ども、会社の人、友人……周りの人すべてが素晴らしい人に囲まれている、と言ったとしましょう。聞いている人はその人のことを、その素晴らしい人たちに見合った人だと思うのではないでしょうか。

愚痴や泣き言を言ったり、周りの人の悪口を言うことで、いちばん損をしているのは自分です。なぜなら、悪口を言ったその相手と自分は、同じレベルだと公言していることになるからです。

夫、妻、会社の人、友人……私の周りにいる人は、皆素晴らしいと褒めれば褒めるほど、その素晴らしい人たちと同じように、あなたも素晴らしい人なんだということに繋がるのです。

人の悪口を言わない人には、悪口を言わない友人が集まってきますし、人の悪口ばかりを言ってる人には、悪口ばかりを言う友人が集まります。

毎日が嬉しくて楽しい、と思っている人は、そう思って過ごしている幸せな友人に囲まれるということです。

私たちは、皆その人にちょうどいい人に囲まれているのです。

19

見方が変わると、すべてが喜びに変わる

私たちは何気なく、不平不満・愚痴・泣き言・悪口・文句を言っていることがあります。特に気がついていないのが、朝起きた時に何気なく言っている一言です。「えー、今日も雨が降っている」「洗濯物が乾かない」と感想を言った瞬間に、天気の悪口になります。なぜ、すぐに天気の悪口を言ってしまうかというと、自分が生まれた時から、親に刷り込みをされたからです。

親が天気の悪口を言い続けてきた結果として、外の天気を見た瞬間に、天気の問題について論じなくてはいけないと刷り込まれました。

この話を聞いて40代の主婦の方が、このようにおっしゃいました。

「私は、晴れた日は紫外線対策をしなくちゃと言い、雨の日は洗濯物が乾かない、どうしよう……と口にしていました。天気の悪口を言わないところから出発するんだということを聞いて、これからは、晴れの日は洗濯物がよく乾く、雨の日は紫外線対策をしなくていい、と口にします」

現象は何も変わっていません。天気は悪口を言っても反論してこないので、言いやすいかもしれませんが、神に対して文句を言っていることになります。**同じ天気でも、考え方や捉え方を変えてしまうと、全部が喜びになります**。

私たち動物にとって、太陽が出ている時が晴れ。植物にとって、雨が降っている時が晴れ。動物は、酸素を吸い込み、二酸化炭素を吐き出しています。植物は、二酸化炭素を吸い込んで、酸素を吐き出している。

動物は太陽が出ると、気持ちが明るくなり元気になるように創られていますが、植物は、雨に当たると活性化するように創られています。神様は、対照的なものとして、動物と植物を創りました。

自分の口から出てくる言葉を肯定的、喜びの言葉にして、いろんなものに感謝をしていくように切り替えると、損得勘定の「得」を手に入れることになります。

天気の悪口をやめたところから、自分の言葉の中に、否定的な言葉が入ってこないことが始まります。

20

エネルギーがとめどなく流れてくるトイレ掃除

ダム湖があって、そこから導管を通って水が流れてくる情景を想像してみてください。そのダム湖が私たちにとってのエネルギーであり、それが流れこんでくれば私たちは元気になります。

そのエネルギーは人によって違うものだと思います。愛情であったり、友情であったり、やさしさであったり、温かさであったり、おいしいものであったり、あるいはお金であったりと、人によってさまざまでしょう。

ダム湖には無限にエネルギーがあります。しかし、ゴミが導管に詰まってしまったらエネルギーは流れなくなります。そのゴミとは**「我欲」「執着」「こだわり」**です。だから「お金」をエネルギーだと思っている人も、「お金が欲しい」と言っている限りはお金が入ってきません。**「我欲」や「執着」というゴミがブロックしてしまっているから**です。

だとしたら、「我欲」「執着」「こだわり」というゴミを掃除しなければなりません。

それは「心の掃除」だけではなく、本当にトイレなどをキレイにすること。

トイレ掃除をすれば、エネルギーがとめどなく流れてくるようになります。「トイレ掃除」はとてもよい方法です。

21

すべてを受け入れて、「気にならない人」になると、自分が楽で得をする

講演会の後の二次会で、数人の方とお話をしていた時のことです。

参加者の中に、結婚してからずっと夫が好きになれず、夫を否定してきたという奥さんがいました。

その方は、こういう状態ではいけないと思って、ありとあらゆる本を読み、精神的な勉強をしていく中で、ある人からこう言われたそうです。

「夫を変えるためには、まず自分が変わることなんですよ」と。

「その意味が、自分の中に深く入らなかったけれど、今日、正観さんの話を聞いて、初めて理解できたように思います。夫を変えるためには、まず自分が変わることなんですね。よくわかりました」とその奥さんは、とても納得したようにおっしゃったのです。

私は、こう言いました。

「それは、大きな誤解です。私は『夫を変えるためには、自分が変わらなくちゃいけない』なんて、一言も言っていません。『**夫を変える必要がないんだ**』ということを言っています」

なぜかと言うと、自分が変わってしまえばいいのですから。

「夫を変えるためには、まず、あなたが変わること」という論理ではありません。

あなたが**すべてのことに関して、「気にならない人」になったら、問題は、全部解決する**ということです。

もし仮に、相手を変えるために自分が変わったとして、2〜3カ月経っても、相手が全然変わらなかったら、さらにあなたは苛立つでしょう。もっとパワーアップして恨んでしまいそうです。

私が提案している解決策は、「その人の存在を、全部認めてしまいなさい」ということです。

相手を変える必要なんかどこにもない。**その人を認めて、自分が「気にならない人」になったら、それで〝終わり〟です**。

ありとあらゆることに、気を使うのをやめてしまうのです。

多くの人は、自分の価値観の中に相手を連れてこようとして苦しむのですが、**その人の良いところも悪いところも踏まえたうえで、そのまますべて受け入れてしまえばいいのです**。すなわち、自分の心を広げるということ。寛容度を高め、許容量を増やすということです。

自分の価値観を相手に押しつけず、「世の中には、そういう人もいるよね」と、いちいち気にならない人になればいいということです。

そういう人のことを、よく人格者と呼びますが、私は「人格者を目指しなさい」と言っているのではありません。

すべてのことに鷹揚《おうよう》になってイライラしないほうが楽であり、損得勘定で考えても自分がいちばん得だ、ということです。

そもそも、宇宙にはイライラする現象があるのではなくて、イライラする考え方をするから、イライラしてしまうということなのです。

22

イライラしない自分になって
いちばん得をするのは
自分自身

敵意や憎しみの「心」が生んだ「悲惨な出来事」に対して、「許せない」「認められない」と思うのであれば、その出来事、犯罪者に対して同じように敵意や憎しみを持っている「私」自身の「心」を憎むべきなのではないでしょうか。

敵意や憎しみが許せないと思うのであれば、自分の心の中にある敵意や憎しみも、やはり許せないと思うのが論理的です。

人に正義感を振り回したり、人を糾弾《きゅうだん》したりする前に、自分の中にもある敵意や憎しみ、怒り、イライラというものの延長線上に、いろいろな社会上の犯罪や、一般的に不幸だと言われる事件があるということを考えれば、まず「私」自身の怒りや憎しみを起こさないこと、沸き立たせないこと、ということになるのではないでしょうか。

最も望ましいのは、**敵意や憎しみを感じなくなるような「私」をつくり上げてしまうこと**なのかもしれません。

ある時の講演会で、ある男性にこんな質問をされました。

「正観さんは『敵意は持たないほうがいい、イライラしないほうがいい、子どもを怒鳴らないほうがいい、夫婦げんかはしないほうがいい』と言いますが、確かにそうしないほうがいいと思いますが、何か言われたら頭にくるじゃないですか。怒鳴りたくなるじゃないですか。ひどいことを言われて何か言い返したくなる時は、どうすればいいんですか」

このような質問をしてくる人は一人じゃない。いっぱいいます。私はそのたびにこう聞き返します。

「子どもや妻を怒鳴って楽しいですか」

「怒鳴っても何も楽しいことはありません。むしろ自己嫌悪に陥《おちい》ります」

「じゃあ、やめればいいじゃないですか」

1秒で解決です。怒鳴るのも自分、怒鳴るのをやめるのも自分です。**怒鳴って楽しいことがないのなら、やめればいいだけです**。

「でも、やめられないんです」と、その男性は言いました。

つまり、自分はやめる気がない。けれども、自己嫌悪に陥って気分が悪いから何とかして欲しい、と言っています。

イライラしているのも自分。頭にきているのも自分。怒鳴って自己嫌悪に陥っているのも自分。１００％自分がしていることに対して、自分で自己嫌悪に陥っているだけなのです。

そう考えたら、イライラしない「自分」、怒鳴らない「自分」をつくり上げたほうがどんなに「得」なのかがわかるでしょう。

23

「う・た・し（うれしい・たのしい・しあわせ）」を笑顔で言い続けていると、言う人も聞く人も元気になる

「うれしい」「たのしい」「しあわせ」と「う・た・し」の言葉を笑顔で言い続けていれば、それを言う人も聞く人も、どんどん元気になります。

逆に、「つらい」「悲しい」「苦しい」「悔しい」「つまらない」と言い続けると、言う人も聞く人も、どんどん元気を奪われてしまう。自分も家族も「気力」「体力」「精神力」「集中力」が奪われるのですから、病気にもなり、集中力を欠いて事故を起こしたり、人間関係のトラブルを招いたりすることになるでしょう。

さらに「つらい」「悲しい」「苦しい」「悔しい」「つまらない」と言い続けると、「生きているのがそんなにつらいなら死なせてあげましょう」と体が反応し、体を壊し、病気を進行させていきます。体はそういう指令系統を持っているようです。

「う・た・し」の言葉を言い続けている人は、「お前には苦労がないの？」と楽天的でバカに見られることもあるかもしれません。「バカは風邪をひかない」というのは、この事実を表しています。病気をしにくいのです。

長寿の人に「長生きの秘訣は」と聞くと、「くよくよしない」という答えが返ってきます。これも、**楽天的な人ほど健康である事実**を示しています。いつまでも健康でいたいのなら、「う・た・し」を口にして笑顔を実践してみましょう。

第3章

頼まれごとの人生で生きる

24

頼まれごとをやっていくと、「使命」「天命」が見えてくる

不平不満・愚痴・泣き言・悪口・文句を一切口にしないという生活を3カ月から6カ月続けていくと、「頼まれごと」が始まります。

「あなたにやってほしい」と頼まれたことは、基本的に全部引き受けていきましょう。ただし、単なる頭数合わせのための誘いや、すでに先約がある場合は断ってもかまいません。

頼まれごとが始まったら、ただひたすらやっていくのが「**頼まれごとの人生**」です。そのように生きていると、自分がある方向のもとに使われていることに気がつきます。それが**「使われる命」……「使命」「天命」**というものです。

「つかわれる」という言葉は、真ん中に「わ」の字があります。これは、宇宙からの要請に応えて、宇宙と「和《わ》」すること。宇宙と和することが「使われる」ことであるのでしょう。宇宙からの要請に応えていれば、どんなに働いても疲れません。でも、宇宙と和することを拒否して、自分の好き嫌いの感情や「自我」で生きていくと「和」がなくなり、「つかれる（疲れる）」という状態になります。

頼まれごとをしていくうちに、自然に、「使命」「天命」というものが見えてきます。だんだん同じようなことを頼まれることになり、そして2〜3年やっていると「私はこれをやるために生まれてきたのかな？」と気づく日が訪れる。それがわかってからの人生はすごく楽しいものです。

私たちが生まれてきた目的は「**いかに喜ばれる存在になるか**」ということ。それはつまり「**いかに頼まれやすい人になるか**」ということでもあります。

「頼まれごと」とは、自分で汗をかいてその人の要望に応えることをいいます。自分にできることは、頼まれたらどんどん引き受けていきましょう。

頼まれごとは「適当に」やることをおすすめします。適当とは、「適度に」ということです。「引き受けたからには、いい仕事をしなくては」などと気負わず、その時の力で「よい加減」で、適当にニコニコとやっていけばいいのです。

頼まれた時に、自分にはできないと勝手に判断して断ることを「傲慢《ごうまん》」といいます。**基本的に、できない頼まれごとはきません**。

しかし、自分の中に「できないことでも何でも、引き受けてやるぞ」という気迫があると、できないことまでも持ち込んでしまい、行き詰まるかもしれません。引き受けたら自己嫌悪が（引き受けない時よりも）大きい場合や、物理的に不可能な場合は断ってもいいのです。

不平や文句ばかり言っていたり、笑顔も見せず眉間にしわを寄せたりしていると、人から頼まれにくくなります。

「頼んだことを気持ちよくやってくれるから、あの人にまた頼もう」と思われたとしたら、「喜ばれる存在」として、一つ実践できたことになるのではないでしょうか。

人間の生きる目的とは、がんばることや努力すること、何かを成し遂げることではありません。また、「長く生きること」が目的なのでもありません。

「**生きている間にどう喜ばれるか**」だけ、というのが、私が到達した結論です。

25

「働く」の本質は
「はた」を「ラク」にすること。
「仕事」とは、
「喜ばれる存在になる事」に
お仕えすること

たくさんの人の相談を受けているうちに、人相・手相がわかるようになってきました。統計学のようなものです。

「この人は働き者だな」

と思うのは、**眉毛が濃くて太い人**。汗が目に入らないように、眉毛が太くなっているのです。


さて、**「働く」**というと普通は「お金を稼ぐため」「生計を立てるため」と思うでしょう。あるいは「自己実現のため」という人もいるかもしれません。

けれども**「働く」の本質は、「はた」を「ラク」にすることです**。自分が体を使って、汗を流して、周りをラクにすること。ですから「自分のため」「自分のためだけ」に働いている人は、働くことの本質から少しズレているかもしれません。

もしかしたら「はた迷惑」な人になっているかもしれません。はたに迷惑をかけるのが「はた迷惑」。「働く」の反対語です。

もう一つ、「**仕事**」という言葉もあります。これも「お金を得るための労働」と考える人がほとんどでしょうが、よく文字を見れば「事に仕える」となっています。

「事」にお仕えするのが「仕事」。

どんな「事」にお仕えするのかと言えば、**「喜ばれる事」「はたをラクにする事」**。

これこそ「仕事」の本質です。

ある自転車屋さんのご主人に、こんな相談をされたことがあります。

「最近はスーパーや量販店で自転車を安く売っているので、うちのような小さな店に買いにきてくれる人が少なくなりました。修理などのアフターサービスは、スーパーよりうちのほうがいいのですが、最近の人は皆、壊れると『安いから』と新しいのに買い換えてしまうんです。これから、自転車屋を続けていくか、ほかの仕事に変えるか、迷っています」

私は「喜ばれる存在になること、それだけですよね」と言いました。するとその方はご自分で考えて、〈修理の大好きな自転車屋〉と名刺に入れ始めました。

そうしたら、たくさんの人が修理にきてくれるようになったそうです。普通は、買ったお店でないと修理に持っていきにくいでしょう。けれども「修理が大好き」なんだから、持っていきやすい。ニコニコと修理してくれるので、頼みやすい。スーパーで買った自転車でも、量販店で買った自転車でも、皆がその自転車屋さんに修理にくるようになりました。

そのうちに、自転車を買い換える時は、その店で買い換えてくれる人が増えてきました。自転車屋さんを廃業しなくても、ちゃんと経営が成り立つようになったのです。

こうして修理をしているうちに、彼自身の考えも変わってきました。最初は、

「もっと店を大きくしたい」

「時代遅れの自転車屋より、自分ももっと儲かる仕事を始めようか」

という気持ちがあったのですが、だんだん「店は大きくなくてもよい」と思うようになりました。

「それよりも、こうして一人ひとりのお客様の顔が見える商売のほうがいい。うちの店に立ち寄ってくれる常連さんと、楽しい会話ができるほうがいい。

誰の自転車かわからない自転車を修理するより、友人・知人の自転車なら、心を込めて修理できる。これが自分が本当にやりたかったことなのだ」

人に喜ばれるようになってみると、「人のため」と思っていたことが、実は自分がいちばんうれしい、自分のためになっていることがわかります。

「人の為」と書いて「偽り」。自分はイヤでイヤで仕方ないのに、人のために苦しんでやっているのは「偽り」なのです。

26

人間の「機能」は、
喜ばれた数だけ存在する。
人間である「私」の機能は、
無限に増やすことができる

コップの機能を考えてみます。お湯を溜める、水を入れるなど二つの機能があります。新幹線を考えてみると、物を運ぶ、人を運ぶなど二つの機能があります。**機能というのは、つまり役割ということです**。その役割をいくつ果たせるのか、と考えてみると、鉱物の場合、だいたい二つくらいの機能があります。

では、植物の場合はどうでしょうか。木の実を落とし動物にえさを与えている、二酸化炭素を酸素に変えている、防風林、防砂林などの役割もあり、いろいろと考えていくと、20くらいの機能がありそうです。

では、動物の場合はどうでしょうか。動物は、食物連鎖の中に存在していますから、自らがえさになってほかの動物を生かすこともしています。また、種を運んだり、最近では人を癒すペットとしての役割も持っています。こういったものも含めていろいろと考えていくと、２００くらいの機能がありそうです。

では、人間の機能というのはどのくらいあるのでしょうか。

鉱物が二つ、植物が20、動物が２００……ときたら、人間は２０００くらいでしょうか。私はそれをずっと宇宙に問いかけていました。そして、問いかけてから2年ほど経った時、次のような答えがきました。

「**人間の機能は、喜ばれた数だけ存在する**」

この答えは、私の予想をはるかに超えていました。人間の機能の数は、２０００でも2万でもなく、自分の存在が喜ばれた数だけ存在するというのです。

たとえば、満員電車の中で、おばあさんに席を譲って「ありがとう」と言われた。その瞬間に、「私」がこの世に生まれた意味が一つ誕生しました。

駅で、びしょぬれになっている人がいて、自分が帰る方向が一緒だったから、「途中まで一緒に行きましょうか」と言って、「ありがとうございます」と言われたら、それがまた一つの機能になるのです。

しかも、相手は人間だけではありません。たとえば、ここにグラスがあって、これをドンッと乱暴においたら割れてしまった。そうすると、このグラスの魂は「ああ、この人に持たれたくなかった」と思うわけです。喜ばれていない。けれども、本当に心を込めてそっとおいた時には、「ああ、この人に持ってもらってよかった」と思ってもらえる。それが、「喜ばれた」ということです。

人間だけではなくて、すべてのものから喜ばれた時に、「私」という存在は機能を持つことになる。

実は、この世に生まれたことの意味は、喜ばれることであり、その機能の数は、人間だけは上限がない。

今、「私」がそのことに気がついて、自分がそのように生き始めると、**人間である「私」の機能は、無限に増やすことができます。**人間だけは、自分の意思によって、機能をいくらでも増やすことができる。

人間の喜びや幸せというものは、最終的には、自分が喜ばれる存在であることに尽きるようです。

27

できるかどうかを決めるのは
自分ではない。
楽しんでやってみて、
人にゆだねる

群馬で講演会をした時のこと。自己紹介の時に、ある女性が「書道をやっていて、旅館や食堂のメニューなどを書いている」という話をしました。

そこで、「では、私の言葉をなにか書いて、1枚1000円で売ってみてはいかがですか」と言いました。

たとえば、「自分を責めず　他人を責めず　ただただ笑って生きる」など。

そして、笑うという文字を笑っているように書いたらどうかというアドバイスをしました。

その話をしたところ、この女性は、その日に色紙《しきし》を買い、書き始めたそうです。そして、私の講演会の時に販売したところ、わずか2日で100枚売れました。

吉田松陰《よしだしょういん》は松下村塾《しょうかそんじゅく》の塾生たちに対して「君のここがよいところだ」と褒め、その人がもっている才能を伸ばしていった人でした。

私も同じように、その人がもっているよいところを伝えるようにしています。**そ**

れを言われた人が「やってみよう」と反応し、すぐに取り組んだ場合に、神様が応援するという法則があります。

できるかどうかは、自分では決められません。

やってみた時に皆が評価しなかったら、それはその時の話。やってみたら皆が喜んでくれることもあります。

できるかどうか、自分以外の人にゆだねることを「謙虚」といいます。

この女性は、幸いにして、とても謙虚な方でした。

おもしろがって、楽しんでやっていたところ、2日間で100枚売れました。

そして、この話を聞いた群馬の温泉宿のおかみさんから、客室に飾る書を頼まれたそうです。

なにか言われた時におもしろがって取り組んだ結果、いつの間にか仕事になったということです。

無職で稼がなくてはならないという時、やることはたくさんあると思います。文章を書く。絵を描いてみる。陶芸など、なにかをつくってみたり、書を書いてみたりするなど、自分ができることをどんどんやっていきます。

それも、楽しんで、笑顔でやっていくことが重要です。

28

本当の強さとは、
思い通りにならないことを
笑顔で受け入れて
生きていくこと

先日、ある女性からこのような相談を受けました。

「兄の経営する会社が倒産に近い状態です。兄の子どもは音楽的な才能があり、音大に行かせたいのですが、とてもお金がかかります。兄は学費を出せないので、私が出すことになりました。でも自分の稼ぎからすると、学費を出し続けるのが難しいので悩んでいます」

このような話を聞いた時、ほとんどの人は「助けてあげることは素晴らしい」と言うかもしれません。しかし、私はこのように答えました。

「どうしてできないことを引き受けようとするのですか？」

経済的に不安があるなら、「私にはできません」「そんなゆとりはありません」と答えれば、悩むこともなかったはずです。

世の中には才能があり音大に入りたいと思っていても、希望どおりに入れないという人はたくさんいます。自分の思うようにいかないことが、山のようにあるのです。望みどおりに叶うことのほうが稀ではないでしょうか。

思いどおりにならないことを、笑顔で受け入れて生きていくことが、本当に強いということだと思います。

私は相談した女性に向かって言いました。

「大学に通える経済状態ではないのですから、本人が働きながら通うという意思がない限り、その甥ごさんは家庭の事情を受け入れて生きていく方法を自分で考えるべきではないでしょうか」

叔母であるあなたが援助をした結果、その甥は才能が開花し、音楽家になれるかもしれません。しかし、それでその人は幸せになれるのでしょうか。

親の会社が倒産して大学進学が難しくなったのなら、普通は大学を断念し人生を組み立て直さなければなりません。しかし、そういう状況にもかかわらず、誰かにお金を出してもらおうと考えるようでは、これから先問題がおきた時、その人は自分で解決できるでしょうか。人に頼ってばかりの人間になってしまう可能性もあります。

その一方で、音大に入れず挫折を味わい、音楽とは違う道を進みながら年月が過ぎ、それでも音楽をやりたいと一念発起してつくったＣＤが、飛ぶように売れたというような想像もつかない展開が待っているかもしれません。

私自身の体験からすると、紆余曲折の波を受けた時、初志を貫くために周囲に助けを求めるという解決方法は、どうも違う人生になるような気がします。人に求めるのではなく、自分の中で解決をしていくしかないように思います。

この女性のように、自分が経済的にゆとりがないのに援助の手を差し伸べるというのは、とても素晴らしいことのように見えますが、もしかしたらその人にとって成長したかもしれない大切な時間を奪ってしまうという可能性もあるのです。

この女性がもし、経済的にゆとりがあるならば、引き受けても構わないと思います。しかし、**不安があるのなら「引き受けられない」と伝えることが、物事がスムーズに流れる方向なのかもしれません。**

29

善意や好意は
選ばずに受け取る。
「豊かな人」とは、
与えるだけでなく
受け取ることもできる人

善意や好意をすべて受け入れる人を、「菩薩《ぼさつ》」といいます。それは特別なことではなく、**菩薩は私たちの心の中にもいるのです**。

善意と好意を受け入れるのは簡単そうに見えますが、大事なことは「**選ばない**」ということです。選ばずに、善意と好意はすべて頂くということ。

面白いことに、すべてを受け入れている自分は、結局、何もしていないし、人の好意に甘えているだけなのです。

でも、そういう自分を嫌いにはなりません。それどころかそんな素直な自分を、一層好きになります。

恋愛や結婚においても、「自分のことが好き」であることはとても大切です。

若いころから虚無的な考え方が染みついていると、なかなかすぐにはできないものですが、人の善意や好意を受け入れていくと、気がついたら、多くの問題は解決してしまうのです。

人の善意や好意を選別をせず、拒否もしないで、全部受け入れていくと、まったく違う人生が待っています。

私の周りにも食事の後に、間髪入れずに「ありがとうございます、ごちそうさまでした」と、とっても気持ちよく受け入れてくださる「菩薩さん」たちがいますが、そういうところに、人間的な豊かさを感じます。

「豊かな人」とは、与えるだけでなく、心を広げて受け取ることもできる人なのです。

30

目の前にいる人は、私のアンテナを広げてくれる大切な味方

ある時、10人の仲間と旅行に行き、朝市に出かけました。そこで、自分が食べたいもの、美味しそうなものを、時間を決めて買い集めることにしました。集合して皆で見せ合うと、自分では絶対に選ばないものを買ってくる人がいる。

「こういう色・形の食べ物は、自分では絶対に選ばない」と思っていたものが、食べてみるととても美味しいという発見です。

自分が選ぶものは、過去の経験と想像力から判断しているので、いままで違う人生を歩いてきた友人は、自分とはまったく違ったものを選ぶことがあります。

夜に、「ここ2、3日で感じたこと」「気がついたこと」などを話し合うと、ある人は「天気」の話、ある人は「食べもの」というように、切り口がそれぞれ違って面白い。

自分と同じ感覚ももちろん楽しいけれど、**相手の感覚を受け入れて尊重することにより、自分の「感性」が広がっていきます**。

それが、物事を違う角度から眺められる「アンテナ」を一つ手に入れたということです。そして、また別の友人が、「アンテナ」を一つ広げてくれる。

20人の話を聞くことで、20人分の「感性」と、20個の「アンテナ」を得られるようになります。

自分の価値観100％ではなく、他人の価値観や感性を尊重すると、面白いことが解ってきます。アンテナを広げていくことで、どんどん幅の広い人間になっていく。

良い仲間、自分と似ている人に囲まれるのも面白いのですが、自分とまったく違う考え方の人も、アンテナを広げてくれる、大切な人です。

目の前にいる人は、競い合い、比べ合い、争う人ではなく、私のアンテナを広げてくれる味方。

人生は、面白いものや面白いことを追い求めるのが目的ではないようです。アンテナを広げることで、より豊かな人生になっていくのではないでしょうか。

31

愛するとは、応援すること。
大切なのは、
自分の思いではなく、
相手を慮《おもんぱか》ること

ある講演会の後に、60代の女性が私のところに相談にきました。

「息子が離婚をしたいと言うのです。私は、離婚に反対をしました。ですが、息子はどうしても離婚をすると聞きません。私は離婚した息子を愛する自信がありません」

はたして誰が「離婚をするのはよくない」と決めたのでしょうか。

私は離婚をきっかけに幸せになった人をたくさん知っていますが、離婚を機に不幸になった人はほとんどいません。ですから、私は「絶対に離婚してはだめだ」とは言いません。

さらにいうと、「自分の思いどおりになったら息子を愛してあげるけど、自分の思いどおりにならなかったら愛してあげたくない」というのを「愛している」とは言いません。その状態を「愛していない」と言います。

一見、息子のことを慮っているようですが、「自分の価値観に染まるかどうか」「自分の思いどおりになっているかどうか」を、「愛する基準」に置いている。実は息子のことなど何も考えていないのです。

息子がもっとも心地よい選択として離婚を選んだのであれば、「離婚してよかったね」と声をかけてあげるのが、本当の愛情ではないでしょうか。

この女性の問題点は二つ。

一つは、「自分の思いに反したことをする人を、問題だ、悩みだ」と言っていること。

もう一つは、「自分の思いどおりにならない人を愛せない」こと。つまり、自分のことしか考えていないこと。

そのことを伝えると、彼女は「そういうことだったんですね」と理解をし、問題が解消したようでした。何か大きな解決策を講じる必要などまったくなく、自分の思いを変えるだけ。**自分のこだわりや執着によって、勝手に思い込んでいる価値観を変えただけで悩みは消えてなくなったのです**。

相手がどんな状況に置かれようとも一生涯応援し続けていく――私は、「愛する」とは「応援する」ことだと思います。

私は、自分の娘が結婚する相手のことを、

「あんなヤツは気に入らない」

とは絶対に言いません。また、ボロボロのずた袋のように精神的に痛めつけられて、出戻ってきたとしても、

「親の意見に耳を貸さなかったからだ。言わんこっちゃない」

と責めたりはしません。

「好きなだけ家にいていい。また誰かを好きになって同棲したくなったらすればいい。結婚することが幸せなんだったらすればいいし、別れることが幸せなんだったら別れればいい」

どっちに転んだとしても、その状態を肯定して認めてあげることが、本来の親のあり方だと思います。

「自分の思いどおりになれば愛してあげるけれど、思いに反したら愛してあげない」

これは〝部分的〟に、愛しているということであって、全部を愛しているわけではない。相手のことを考えていない、自己中心的な愛なのです。

まずは相手を慮る。たとえうまくいっていない相手であっても、こちら側から愛してしまえばいいのです。

よく舅《しゅうと》や姑のイビリに耐えられないと愚痴をこぼす人がいます。しかし、文句を言うだけでは、なかなか舅や姑は味方にはなってくれません。こんな時は、「自分の未熟な点を指摘していただいている。育ててくださっている。応援してくれているんだ」と考えてみてはいかがでしょうか。「応援＝愛」ですから、自分を愛してくれていると思えるし、だとしたらもっと相手のことも「愛せる」はずです。

そんな思いを胸に、「ありがとうございます」と感謝の言葉を口にしていると、ある日突然、相手が味方になってくれていると気がつくはずです。

32

すべてが、あなたにちょうどいい

お釈迦様の言葉に「すべてが、あなたにちょうどいい」というのがあるそうです。大蔵経《だいぞうきょう》（釈迦の教えと解説文のすべて。一切経《いっさいきょう》）の中にある言葉だそうです。およそ次のような内容です。

今のあなたに、今の夫がちょうどいい。
今のあなたに、今の妻がちょうどいい。
今のあなたに、今の親がちょうどいい。
今のあなたに、今の子どもがちょうどいい。
今のあなたに、今の兄弟がちょうどいい。
今のあなたに、今の友人がちょうどいい。
今のあなたに、今の仕事がちょうどいい。
死ぬ日もあなたにちょうどいい。
すべてが、あなたにちょうどいい。

サラリーマンをしている人で、自分の会社の悪口を言う人がいます。悪口というよりは、文句や愚痴なのかもしれませんが、「うちの社長はワンマンで、怒りっぽくて仕方ない」とか「専務や部長には困ったものだ」というようなことです。今の、「すべてが、あなたにちょうどいい」という言葉は、実はそういう時のための言葉のような気がします。

私は、その上司を批判するサラリーマンに対して、こういう言い方をします。

「多分、今あなたがおっしゃったことは、間違ってはいないのでしょう。10人が10人とも同じように感じる事実に違いない。確かにそういう社長や専務、部長なのでしょう。しかし、そのどうしようもない上司と、同じレベルにあなた自身がいるのですよ」

たとえどんなに気に入らないとしても、その会社から給料をもらい、その集団の中で自分が生かされて働いているわけですから、その上司や会社そのものに対して悪口や批判を口にするということ自体が、同じレベルであるような気がします。

その上司たちが、批判されるような人物であることに間違いはないとしても、しかし、それを批判している自分も、そのどうしようもない上司と同じくらいの、どうしようもないレベルなのかもしれません。

同様に、自分の会社の社員をつかまえて、「思うように働いてくれない」と悪口を言う重役がいます。そのような人たちの話を聞いた後も、私は同じことを言います。「すべてが、ちょうどいい社員なのですよね」と。

その重役たちからすると、その社員についての悪口や批判は間違っていないものなのでしょう。きっと誰が見ても、その社員たちは我慢のならない存在なのかもしれません。しかし、そのどうしようもない社員と同じレベルの重役なのです。つまり、その人たちの悪口を言うような程度のレベルの自分である、ということです。

夫婦関係や親子関係で、「うちの夫（妻）は、こんなつまらない人で」とか「うちの親（子ども）は、どうしようもない」など、文句や愚痴を言う人がいます。しかし、この言葉（すべてがあなたにちょうどいい）を知っている人から見れば、その人は愚痴を言った瞬間に自分の価値を全部さらけ出している、ということになる。つまり、「それにちょうどいいあなた」ということです。

「**すべてが、あなたにちょうどいい**」

人の悪口を言わない人には、その悪口を言わないというあなたに対してちょうどいい、悪口を言わない友人が集まって来ます。

人の悪口ばかりを言っている人には、人の悪口ばかりを言っているちょうどいい友人が集まって来ます。「嬉しい、楽しい、幸せ」と言い続けている人には、「嬉しい、楽しい、幸せ」と言い続けている人が集まって来ます。すべてがあなたにちょうどいいのです。

その一言をじっと噛みしめると、世の中の現象のかなりの部分が見えてくるのではないでしょうか。

33

幸せも不幸も自分自身の責任。
自分が笑顔になれば、
周りにも笑顔が溢れる

テレビを見ていた時に、次のような心理テストをしていました。

「風船が飛んで行きました。さて、この風船が飛んで行った理由はなんでしょう」

これを、西洋人（アメリカ、カナダ、イギリス）と東洋人（日本、中国、韓国）の各3カ国ずつインタビューしました。

西洋人からは、「風船が空気を噴射しながら飛んで行った」「風船の空気が抜けながら飛んで行った」という答えが返ってきました。

西洋人は、「風船が飛んで行ったのは、風船自体が空気を噴射しているため」という考え方をしています。風船自体が「自分自身の責任で飛んでいる」ととらえている人がほとんど。

ですから、「自分が不幸である」ととらえたり、考えたりする人は少ないようです。

海外旅行で市場などに行くと、とても楽しそうに働いている姿を見かけます。

何代も続く仕事を、いやいやではなく、誇りをもって、楽しそうに働いていると感じる方が多いのではないでしょうか。

これに対して、東洋人のほとんどが「風が吹いてきて飛んで行った」という回答でした。

東洋人は、「風船が飛んで行ったのは、風船以外の別の力のため」と考えていることが見えてきます。なにかが起こった時、自分以外の何者か（第三者）のせいだととらえる人が多いということです。

お金がないから結婚できない、子どもを産むことができないという人がいます。これらの言葉も、自分自身の責任ではなく、自分以外の何者か（第三者）のせいだととらえているために出てくる言葉です。

これまでの人生で12万件の人生相談を受けてきました。１９９５年までは自分の問題の相談ごとが多かったのですが、１９９６年を境にして、他人の問題を挙げる人がとても多くなりました。

他人の問題とは、「夫が……」「妻が……」「姑が……」「舅が……」「子どもが……」

「職場の人が……」「友人が……」といったものです。

これらは、相談という形をとっていますが、他人が思いどおりにならないと思い、自分以外の人を思いどおりにするにはどうしたらいいかと言っています。

自分が笑顔でないのに、「家族が笑顔を見せず、不機嫌だ」と言う方が結構いらっしゃいます。

ほとんどが「子どもが不登校で……」「家族が楽しそうでない」という話です。相談する方のほうが、とても暗い顔で、まったく楽しそうではありません。

そのような方に対し、「そう言っているあなたも、楽しそうではありませんね」と言います。

すると、理由はさまざまですが、「○○なので、楽しい顔にはなりません」という答えが返ってきます。

しかし、因果関係がすべて逆です。

「上司が厳しい」「子どもが言うことを聞かない」「舅が……」という問題は、すべて相談する側が明るく楽しそうな顔をしていません。

口から出る言葉のほとんどが、問題をあげつらうだけの話題ですから、なるべく近寄ってほしくないと思います。

近寄ってほしくないので、反発したり、いやみや厳しい言葉を言ったりして、言われたことを素直に聞こうという気にはなりません。

これらは、「あなたのそばにいても楽しくないから、近寄らないでほしい」という意味での、手厳しい対応なのでしょう。

いつも明るい顔をして、楽しそうにしていたら、皆が近寄ってきて、同じように笑顔になっていきます。

たとえば、月曜日はカルチャースクール。火曜日は書道。水曜日は水泳教室。木曜日は料理教室。土・日は友人と温泉旅行へと出かけ、とことん楽しみます。

目の前に立ちはだかって、暗い顔をしたり、愚痴ばかり言っていたりしたら、相手が笑顔になることはありません。

自分自身がいつもニコニコと笑い、毎日楽しそうに過ごしていたら、状況も変わっていきます。

34

「笑顔」を投げかけたら、
「笑顔」になりたくなるような
現象が返ってくる

人から人へと伝染しやすいものが三つあります。

一つ目は「**あくび**」。これは非常に伝染しやすい。隣の人があくびをしていると、うつってしまいます。

二つ目は「**不機嫌**」。不機嫌もとても伝染しやすい。

そして、三つ目は「**笑顔**」です。

自分が笑顔でニコニコと家族と接していれば、当然家族も明るくて楽しい。だから、笑顔になる。

反対に、不機嫌に家族に接していれば、当然家族だって笑顔を失い、不機嫌になります。当たり前のことです。投げかけたものは返ってくるのですから。

だったら、**今から、威張ったり、怒鳴ったり、偉そうにしたりすることを全部やめてしまったらどうでしょう**。

ある講演会の後、二人の男の子の母親が、私のところに相談にきました。

「12歳と10歳になる息子がいるのですが、毎日、二人で取っ組み合いをして、けんかをしています。ひどい時には、殴り合ったりしています。だから、毎日、間に入って、私がけんかを止めているんです。

けれども、上の子は来年中学生になります。だんだん体も大きくなり、もう私にはけんかを止められないかもしれません。どうしたらいいのでしょうか」

私は聞き返しました。

「子どもたちが幼いころからずっと、けんかをするたびに、大声で怒鳴って間に入っていたんですか」

「そうです。それ以外に方法がありませんでした」

目の前に気に入らない現象があって、それをやめさせようと思って、母親自身が声を荒げて、力ずくで阻止していた。そういう姿をずっと見せてきた。その結果、目の前に気にいらない人がいたら、声を荒げて、怒鳴って、威嚇《いかく》して、言うことを聞かせるという方法論を、この二人の息子たちに教えてきました。

その方法を「正義」だと思ってやってきた結果、子どもたちに方法論として教え込んでいたのです。

「それしか教えられていないのだから、目の前にいる気にいらない弟に、声を荒げて、怒鳴って、威嚇して、力ずくで言うことを聞かせるという方法を使うのは当たり前ですよね」

と言うと、その母親は、

「よくわかりました。結局、自分が教えてしまっていたんですね。そう言えば、兄弟でなじり合っている言葉は、私がけんかを制止する時に使っていた言葉でした」

と理解してくれたようでした。

相手を威嚇して、ねじ伏せて解決するという方法論を教えられた子どもたちは、親の言動が気にいらない時に、笑顔で話してくることは絶対ありません。気にいらない人には、「怒鳴れ」「怒れ」と教えられているのですから。

もし、これまで、怒鳴って、怒って、威嚇して、ねじ伏せるという方法をしてきたのだったら、たった今から投げかけるものの種類を変えることをおすすめします。**怒鳴らず、偉そうにしゃべらず、命令したり、声を荒げたりしないで、すべて「笑顔」で言う。「笑顔」を投げかける。**

「笑顔で言って、子どもが聞いてくれるわけがありません」

とおっしゃる方が必ずいます。

なぜ、「笑顔」だと聞いてくれないのか。答えは簡単です。好かれていないからです。これまで、怒鳴って、怒って、威嚇して、感情的にねじ伏せてきた結果として、好かれていないのです。

だったら、今すぐにでも、投げかけるものを変えたほうがいい。「笑顔」は伝染しやすいものです。**「笑顔」という方法を使ったら、「笑顔」が返ってくる。**「笑顔」を投げかけたら、「笑顔」になりたくなるような現象が返ってきます。

35

「き・く・あ（競わない・比べない・争わない）」で生きると、生きることが楽になる

「き・く・あ」という言葉は聞きなれないものだと思います。私がつくった造語ですから、一般的には知られていないでしょう。

「き・く・あ」とは、「**競わない・比べない・争わない**」の略です。

前述しましたが、「幸せ」というものを追い続けていった結果、私の中でわかったことがあります。それは、すべての人が指をさして「これが幸せだ」と言える事物や現象は地球上に（宇宙にも）存在しない、ということでした。「幸せ」というのは、その人が「幸せだ」と思ったら、その人にのみ帰属して存在する、というのが私が到達した宇宙的な結論なのです。

では、「幸せ」は「感じるもの」であるならば、なぜ皆がそれを感じることができないのでしょうか。「幸せ」の構造は大変簡単であるにもかかわらず、多くの人が「幸せ」を手に入れているとは思えません。なぜか。

それは、「競うこと」「比べること」「争うこと」を前提として生きることを教え込まれてしまったからです。人と競うこと、比べること、争うことで人より抜きん出て、初めて「えらい」とか「素晴らしい」という評価をされる、という価値観で生きる日々を送ってきました。

もともと学校教育というものがそうでした。「相対評価」というものでクラスの中の上位何％にいる人を「5」、下位何％にいる人を「1」とランク付けし、そのランク付けの競い合いの中で人材を育成するという教育方法を日本の教育界はとってきたわけです。

その結果、私たちは「幸せとは、競うこと・比べること・争うことで初めて手に入るのだ。人より抜きん出て、勝ち続けることが、幸せを手に入れる唯一の道である」と信じ込まされてきました。

「優勝」という言葉は、実は「優勝劣敗」という四字熟語の上の二文字です。「優勝劣敗」とは、つまり「優れたものは勝ち、劣ったものは負ける」という思想です。あまり楽しい言葉ではありません。しかし、私たちは「勝つことが正しいことであり、勝つことや抜きん出ることが優れていることの証である」と教え込まれてきました。

その20世紀的な価値観から、そろそろ抜け出してよい時期に来ているのではないでしょうか。

21世紀は「競うこと」「比べること」「争うこと」を基礎的な価値観とするのではなく、「競わないこと」「比べないこと」「争わないこと」を基礎的な価値観とすることはできないものでしょうか。

競うことではなく、自分が楽しいと思えるような（この瞬間だけでなく、未来にわたって継続できるような、楽しい）生きかたをするということにほかなりません。

自分の生活の中で「他人と比べない」「世間と比べない」ということが身についたら、生きることがどれほど楽になるかわかりません。

36

私たちは「勝つ」訓練ばかりやってきた

ジャンケンをする時に、あと出しジャンケンをしたことはあるでしょうか。「負けるジャンケン」という実験をしたことがあります。「ジャンケンポン」と言って、私がグー、チョキ、パーのいずれかを出した1秒後、相手の人に「ポン」と言って、負けてもらうという実験です。

私が先に出しているのですから、負けるのはとても簡単なように思えます。

講演会に参加して下さった方々と、この「あと出しジャンケン」の実験をしました。最初はふつうに「勝つ」ジャンケンをしてみました。私がジャンケンポンと言って「グー」を出したら、会場にいる人が、1秒後にあと出しで「パー」を出して勝ってもらうのです。負けた人、あいこだった人には手を下ろしてもらいます。これを5回くらい続けて5連勝できる人は、大体、会場にいる95%くらいの人です。

次に、「あと出しジャンケンで負けてください」と言い、同じようにジャンケンをします。今度は私が「グー」を出したら、1秒後にあと出しで「チョキ」を出して負けてもらいます。これを同じように5回続けます。

あと出しジャンケンで「負け続けられる人」は何%いるかというと、会場の約30%の人です。

勝つジャンケンの95%に比べて、非常に低い数字です。

この数字から、多くの人は「負ける選択をする」ということに慣れていないことがわかります。

あと出しジャンケンは、勝つことも、負けることも、脳内の情報量はまったく一緒のはずです。相手が出したものを見て、「勝つ」ことを選ぶか、「負ける」ことを選ぶかだけの違いです。

それなのに、あと出しジャンケンで5連勝できる人は95%で、5連敗できる人は、30%にまで減ってしまうのです。

どうしてこのような現象が起こるのか分かりますか？

それは、**私たちは、今まで勝つ訓練ばかりやってきたからです**。とくに大人は、この負けるジャンケンをすると途中で混乱してきます。

「なにごとにも勝つ」という、それまで刷りこまれた思い込みで、どうしても勝とうとしてしまうのでしょう。

すべては訓練次第ですが、私たちはそれほど「勝つ」ことに執着するよう教育されてきたのです。

37

「許す」という言葉の語源は
「ゆるます」。
自分も周りも許せば、
人生はとても楽になる

「許す」という言葉の語源は「ゆるます」。つまり「緩《ゆる》ませる」ということです。

ギターの弦はピンと張っていることで弾いた時に音が出るようになっています。張っていないと、いくら弾いても音が出ません。人間の体や心もそうなっているようです。神経を張っているから外的な状況によってビーンと響いて痛みが出る。ギターなら音が出ていいのでしょうが、人間であればつらいだけでしょう。

それなら、「ゆるませ」てみたらどうでしょうか。「許す」ことによって自分の神経を緩ませてみてください。

他人はもちろん、自分も許せないという人がいます。「このままじゃいけない」「もっと努力しなきゃ」と、ずっと自分で自分を痛めつけている人です。

自分のことも周りの状況も、すべてを許し、受け入れてしまえば、痛みは和らいでいくでしょう。「緩やかに、甘く生きる」方法論で、他人を許し、「あなたは一所懸命、十分に生きてきたじゃないですか」と自分をやさしく褒めてあげれば、人生はとても楽になるのではないかと思います。

第4章

幸せを感じる心

38

「幸せになる」ということは、自分が恵まれていることに気づくこと

講演会で、今まで一度も笑ったことがない女性から、このような質問を受けました。

「70代の叔父と叔母がいて、二人は顔を合わせるたびに夫婦ゲンカをしています。お互いにガンを患い、さらにもう一つずつ病気を抱えているために、四つの病院に通っていますが、これまでに一度も同じバスに乗ったり、同じ病院に行ったことがありません。とても仲が悪いこの二人を幸せにするにはどうしたらいいでしょう」


私はこのように聞きました。

「あなたは自分が幸せだと思いますか？」

「幸せではありません」

「幸せになる方法を知っていますか？」

「知りません」

「では、あなたが叔父夫婦に幸せになる方法を提案すると、さらに不幸なほうへと導く可能性がありますよね」

自分が幸せではないと思い、幸せになる方法論を知らないのですから、人に幸せになる方法を説くことはできないのではないでしょうか。
その後、その女性は笑わずに叔父夫婦を心配し続けた結果、数カ月後にうつ病になってしまったそうです。

しかし、3年後には元気になって講演会に参加して下さり、「もう他人の心配をすることはやめました」と笑顔で言いました。

小林正観は、皆さんに幸せ論を説く資格があるでしょうか？
答えは、「ある」。
私は自分が幸せで、幸せになる方法を知っているから、皆さんに幸せを説く資格がありそうです。

幸せになるということは、何かを求めることではなく、目の前のことを面白がっ

たり自分が恵まれていることに気がついたりすることです。

そのことに気がついた人だけが、幸せになる方法を説けるのかもしれません。

39

「私」の気分が一つの現象を「幸」にも「不幸」にもしてしまう

オセロゲームというのをご存じでしょう。タテでもヨコでもナナメでも、白と白で両端を挟んだら、間に存在している黒のコマはすべてひっくり返って白になります。最終的には盤面に白黒どちらかのコマの多いほうが勝ちです。たったいま「白を黒に」裏返して「やったあ」と喜んでいても、すぐに「黒を白に」裏返されてしまうこともあります。

「幸」と「不幸」は、このオセロゲームによく似ています。

もし今日、あなたが「ああ、私ほど不幸な人はいない」と思ったとしましょう。するど、昨日までのすべての過去、すべての出来事が皆「不幸の原因」になってしまいます。それまではよかったことでも、「あれがなかったら」「あんなことが起こらなければ」と一つひとつが恨みや憎しみの対象になってしまいます。

ところが、次の日に宝くじが当たったり、憎いと思っていた人からやさしい言葉をかけられたりすれば、昨日までの「不幸」がすべて「幸せ」になります。失恋も、人との争いも、受験の失敗も、病気や事故なども、すべてが「今日の幸せ」に至るための「原因であった」ということになります。

つまり、**「幸」も「不幸」も絶対的なものではありません。「私」の気分が一つの現象を「幸」にも「不幸」にもしてしまうのです。**

40

幸せと不幸はワンセット。「不幸」は「幸せ」の前半分

「幸せと不幸」について、もう一つ思い至ることがあります。

それは、**「幸せと不幸は『たまご構造』。それも、ゆでたまごではなく、生たまごだ」**というものです。

たとえば、「おいしい」という概念の前段階として、必ず「空腹だ」という概念が存在します。「空腹」という現象が存在しなければ、「おいしい」という現象が存在しない。同様に、「のどが渇いた」という現象がなければ、「のどの渇きが潤《うるお》せた。嬉しい」という現象が存在しません。

さらに考えるに、「空腹であればあるほど」おいしさは増加する。逆に、空腹が小さいものであれば、おいしさも小さい。あきらかにその量は連動しています。

「おいしい」という「幸せ」を味わうためには、どうやら「空腹だ」という「不幸」を味わわねばならない、というのが宇宙構造のようです。

では、「空腹」という現象と「おいしい」という現象は、個々に独立しているわけではないのではないか、と思うようになりました。「空腹」と「おいしい」は「1＋1＝2」というかたちで存在しているのではなく、「半分と半分、1／2＋1／2＝1」として存在しているように思えます。「空腹」と「おいしい」は足して一つになるのであって、独立した現象ではない。

「空腹」と「おいしい」はワンセットであり、「空腹」は「おいしい」という「幸せ」の前半部分の現象だ、とも考えられるのです。

同じように、四季（春夏秋冬）を考えてみましょう。

夏、これ以上暑くなったら生きていけないと思うほど気温が上がります。その後に来る秋は、本当に風が涼しく、心地よく感じられます。夏が暑ければ暑いほど、秋の爽やかさが「幸せ」です。

冬、これ以上寒くなったら生きていけないと思うほど、気温が下がります。北風がヒューヒュー吹き、寒さに震えます。その後に来る春のほのかな暖かさは、本当に楽しく、嬉しいものです。


夏が暑ければ暑いほど、秋の涼しさが「幸せ」になる。

冬が寒ければ寒いほど、春の暖かさが「幸せ」になる。

夏と秋がワンセット、冬と春がワンセットになっている……。

宇宙は、幸せと不幸の構造が、**実はこういうものなのだよ、と、人類の前にずっと、四季というかたちで提示し続けてきたのかもしれません**。


一般的な「不幸」が「幸せ」の前半分である、という構造は、実によく「たまご」の構造に似ています（鶏卵を想像してもらうとわかりやすいと思います）。

「幸せ」を味わうためには（おいしさを味わうためには）、「不幸」と一般的に思われること（おいしさに対する「空腹」）が通り過ぎたところにしか「おいしさ」が存在しません。空腹＝たまごの白身、おいしさ＝たまごの黄身です。

「空腹」（＝白身）の中に、「おいしさ」（＝黄身）が抱かれている。

しかし、この「たまご構造」は「生たまご」でなければなりません。生たまごは、割って器に入れ、シャカシャカとかきまぜてしまうと、境界線がなくなり、みごとに溶け合ってしまいます。一度かきまぜたら、それを白身と黄身に分けることはできません。なぜなら、白身も黄身も、本質は同じだからです。

41

人生の醍醐味とは、
人に喜ばれる幸せを
心から感じ、
それを喜ぶこと

マザー・テレサをご存じでしょう。マザー・テレサは、人からどのような評価を受けてもよかったのです。どう思われてもよかった。

「あなたが1時間、アメリカやフランスの大統領と会談をすれば、ものすごい金額の応援は簡単に受けられるでしょう。だから、あなたはそんなところで患者の看護などせず、そういうことは全部後輩に任せて、あなたは世界の要人たちと会えばいいじゃないですか」とずいぶん言われたようです。

マザー・テレサは、そう言われた時にはいつもこう答えました。

「私は、一人でも多くの人を直接看護したいんです。もし、もう少し時間が許されるのなら、二人目の方の看護をしたいんです。もっと時間があるのなら、三人目の看護をしたいんです」

本人が希望していたのです。イヤイヤやらされていたのではなく、やりたくてやりたくて仕方がなかった。

しかも、それは、死にゆく人々を長生きさせるために看護をしていたわけではなかったようです。

「つらく苦しい思いをしてきた患者が、そのもっとも大切な瞬間、死を迎える時に、人間として生命をもらってよかった、人生の最期の時に、温かい人の愛情や優しさに触れることができて本当に生まれてきてよかった、と言って死んでもらいたい。そのために私は一人でも多くの人を看護したいんです」

という内容のことを話されていました。


人間は、人に何かを頼まれて、それをやってあげて、その結果、笑顔で「ありがとう」と感謝された時に、本当に心から幸せを感じるものです。

マザー・テレサの言葉にこんな言葉があります。

「この世の最大の不幸は、貧しさでも病気でもありません。自分が誰からも必要とされていないと感じることです」

人に「ありがとう」と言ってもらえることの幸せ。人に喜ばれることの幸せ。そ

の幸せを心から感じ、喜べること。人生の醍醐味とは、ただただそのことに尽きるのではないでしょうか。

自分が喜ばれる存在になろうとして、自分がつらいのに人のために一所懸命やり続けることを、「人」の「為」と書いて「偽り」と読む、という話はすでにしました。「人の為」に自分を抑えて、一所懸命やっているのは「偽り」です。

本当に喜びを感じられる人というのは、人に何かをしてあげることで結局はその喜びや幸せを自分がいただいている、という方程式に気づいた人です。

頼まれごとをやってあげて、その結果「ありがとう」と言われた時に、「あー、本当に私は幸せだ。相手から『ありがとう』の一言を言われた時に、私はこれほどの幸せを感じるものなのか」という、その部分の「幸せ」を味わいたい、だから頼まれごとをやり続けていく、というのが本質なのかもしれません。

42

幸せは人の数だけある。「幸せ」と思った瞬間に「幸せなこと」になる

お箸《はし》を見た時に、「これは箸だ」と１００人が１００人とも指を差します。ダイヤモンドを見れば、１００人が１００人とも指を差して「これがダイヤモンドだ」と言えるものがあります。

けれども、１００人が１００人とも、１０００人が１０００人とも、１万人のうち1万人のすべての人が、指を差して「これが幸せだ」と言えるものが地球上に存在するでしょうか。

たとえば、Ａさんが「これが幸せだ」と言っても、Ｂさんは「幸せじゃない」と言うかもしれません。宇宙的な現象、絶対的な名称、絶対的な価値を持つ「幸せ」というのはこの世の中に存在していない、というのが私の出した結論です。

では、なぜ「幸せ」という名称が存在しているのでしょうか。

絶対的な宇宙的な現象として「幸せ」があるのではありません。そうでなく、個人が「幸せだ」と思った瞬間に、そう思わせたことが「幸せなこと」になるということです。

つまり、**「幸せ」という現象は、ひとえに個人にのみ帰属するものであって、他人が決めることはできないのです**。

43

幸せの本質とは、「足《た》る」を「知る」ことにある

人に「幸せ」を与えてくれると思われているものは、大きく三つに分けられます。

一つ目は「**物**」です。金銭的なものを含めた、物質的な「物」。

二つ目は「**状況**」や「**環境**」というものです。たとえば、自分が課長になったとか、教授になったとか、地位が上がったなどの「状況」がその一つです。

それから、美しい海や山を目の前にしている。その風景が自分にとって心地よいという意味での「環境」があります。

そして、三つ目は「**心**」です。「心」というのは「……と思う心」です。


たとえば、一つ目の、物や金銭が与えてくれる「幸せ」というものを考えてみます。仮に、100万円を自分の預金口座に貯めたら「幸せ」だと思っている人がいたとします。そして実際に100万円が貯まった。けれども、隣の人は200万円を貯めていた。隣の隣の人は300万円を貯めていた。また、ある人は1000万円を貯めていた。上を見ればきりがありません。世の中には、10億円、100億円持っている人だっているのです。

世の中にはつねに、物質的、金銭的な欲望があり、それは際限がない。「足ることを知る心」、つまり充足する、満足する、という「心」を持っていない限り、幸せになるどころかますます「不幸」、あるいは、足りないことが「悩み」や「苦しみ」を生むことになるでしょう。

ですから、**ここで「心」というものが非常に大切になってきます**。「幸せ」と感じるのも、「不幸」と感じるのも「心」です。物や金銭がまったくなくても、あるいは状況や環境が他人から見てひどいものであっても、「幸せ」と思う「心」があれば、その人にとって「幸せ」は揺るぎないものになります。

「幸せ」は外的なもので決まるのではなく、「心」の問題として決まるのです。

京都・龍安寺《りょうあんじ》には、水戸光圀公が寄贈した「知足《ちそく》のつくばい」という手水鉢《ちょうずばち》があります。大きな石の上に正方形の切り込みがあり、その正方形に水をたたえているものです。

その正方形の上には「五」、右には「隹」、下には「疋」、左には「矢」の文字が刻まれている。真ん中の正方形を「口」の字として読ませ、右回りに、上の「五」と合わせ「吾」、右を「唯」、下を「足」、左を「知」。

「吾、唯、足、知」

「われ、ただ、足るを、知る」

「幸せの本質とは、『足る』を『知る』ことにある。私はただそのことを知っているだけで、幸せでいられるのだ」

「足るを知ることこそが、幸せの根源。それがなければ幸せがない」と悟っていた光圀公は、政治だけでなく、生きかたにおいても達人でした。

「何かを手に入れたら幸せ」という「幸せ論」ではなく、「すでに十分恵まれている」「普通に淡々とした日々が幸せ」という「幸せ論」もあるのです。

44

「何もない普通の生活」「当たり前」という幸せに気づく

かつて講演会に「10年ほど偏頭痛《へんずつう》で苦しんでいる」という女性がいらっしゃったことがあります。いろいろな治療を全部やったけど治らなかったそうです。

「いまも痛い」ということでしたから、私は尋ねました。

「もしその偏頭痛が治ったら、どんな感じでしょうか？」

「この偏頭痛がなくなるんだったら、全財産を出しても惜しくないくらいです」

ところが、会の終わりにハグをしたら、彼女はこう言いました。

「あら？　どうしたんだろう。痛くない！」

どういうわけか、彼女の偏頭痛はなくなってしまいました。満面の笑みを浮かべて「本当にありがとうございました」と言って帰っていきました。

私たちは誰もが偏頭痛を患っているわけではありません。だから、頭がすっきりして、普通に機能していることを「ありがたい」と思うこともありません。でも、彼女はずっと苦しんできたからこそ、それがない**〝当たり前の状態〟に「幸せ」を感じることができた**のです。

私たちは、「問題がない状態」を当たり前、と考えているから、「何もない普通の生活」という「幸せ」の極《きわみ》にいるのに、その「幸せ」を認識できないのではないでしょうか。

45

世の中には
「プラス」も「マイナス」もない。
起きていることは
すべて「ゼロ」

ある時、講演会が終わった後に、このように言いにきた方がいました。

「正観さんのお話を聞くようになってから、良いことばかり起きるようになりました」

けれども、これは私の考え方とは少し違います。

世の中には「プラス」も「マイナス」もありません。

「ピンチ」や「悲劇」「つらい」出来事が起こらない一方で、「嬉しい」「楽しい」出来事も起こらないのです。良いことばかり起きるようになったわけではありません。起きていることはすべて「ゼロ」なのだから。

ですから、「どんなことが起きても、楽しく感じるようになりました。怒鳴るようなことがなくなり、どんなことが起きても動じなくなりました。一喜一憂しなくなりました」ということが、本当に現象を捉えているということになります。

現象が「プラス」になったり、「マイナス」になったりしているのではないということが、基本的な考え方。

「誰かの考え方に出合った結果、幸せを感じるアンテナが大きくなって、喜びが増えました」というのが、宇宙の本質的な説明のように思います。

ここで一つ、「幸せを感じるアンテナ」を大きくする方法をお伝えしましょう。

何でも、どんなことでもいいのですが、毎日一つ以上、「嬉しかったこと」「楽しかったこと」「幸せに感じたこと」を手帳に書き出していくのです。

無理矢理でも構いません。「お弁当の唐揚げがおいしかった」「赤信号にひっかからずに会社に着けた」「道端に花が咲いていた」……何でもいいのです。

それを毎日続けることで、喜びを感じやすい体質に変わってきます。

少々つらいと感じることがあっても、この手帳を読み返すことで、どんなに自分が恵まれている環境にいるのかに気づくようになり、幸せを感じるアンテナの感度がアップします。

第5章

ありがとうに囲まれる生きかた

46

私たちにできることは、感謝をすること

オリンピックを見ていると、面白いことに気がつきます。金メダルと銀メダルと銅メダルが、そんなに大きな差ではなく決まっていくということです。

水泳にしても陸上にしても0・1秒も違いません。0・0何秒という違いで、金と銀が決まってしまいます。1位、2位、3位はタッチの差。指先一つの関節の長さだけで決まるような気がします。

世界レベルの人たちは、皆同じようなレベルで、誰が優勝してもおかしくないように思えます。そこで1位になるか、2位になるか、3位になるかというのは、ほとんどが運によるもののような気がしてなりません。

ある時、NATO軍の総司令官をやってきた人に、日本人ジャーナリストが尋ねました。

「ヨーロッパ各国の元首級の人たちとつき合いがあると思うが、たくさんの方々を見てきた上での意見を聞きたい。その人たちに共通するもの、つまり国家でいちばんの人間になるための共通項みたいなものがあるのだろうか」

質問するほうも面白い視点だと思いますが、しばらく考えていたその司令官はこう答えたそうです。

「**運がいいこと**」

質問した日本人のジャーナリストは、たとえば指導力があるとか、我慢強いとか、そういう言葉が返ってくると思っていました。しかしＮＡＴＯ軍の司令官の答えは、「運がいいこと」という答えだったのです。

時の流れがあります。その時の世界情勢というのがあります。国の状況もあります。経済的な状況もあります。そういうことすべてが相まって、その人を選出するようになっています。

各国の元首や大統領、首相になれるというのは、どうも運のいいことが最大の要素であると、そのＮＡＴＯ軍の司令官は言いました。

これは大変面白い答えでした。

松下幸之助さんは、自分は運が強いと言い続ける人でした。いろんなことがあったのですが、それを運が悪いとはとらえず、全部運がいい、運が強いととらえる人でした。

運というものが、たしかにあるのです。

豊臣秀吉が織田信長から中国地方の征討《せいとう》将軍を命ぜられていました。出かける前に、秀吉の先輩諸侯《しょこう》は、信長からこういうふうに言われるのです。

「中国地方の総大将は秀吉である。だから秀吉の命令に従うように」

先輩諸侯は秀吉よりも先輩にあたるにも関わらず、「はい、わかりました」と頭を下げて中国地方に出向きました。

そして、毛利攻めをしている時に、明智光秀によって織田信長が倒されるという事態に至りました。先輩諸侯は秀吉の命に従って大返しをし、山崎で光秀を討ちました。

その時に、秀吉の下に組み込まれず、北陸方面の征討将軍として任ぜられていたのが柴田勝家でした。先輩ですから秀吉の下にいる必要はありません。

そこで後に、柴田勝家と秀吉との争いが起きることになるのですが、秀吉は柴田勝家以外の先輩を、信長のひと言によって手に入れていたのです。

そのまま信長が死んでしまったので、先輩諸侯も秀吉の言う通りに動かざるをえないという事態でした。秀吉はとても運のいい人だったのです。

日本の宗教史上に燦然《さんぜん》と輝く空海、弘法大師さんですが、空海は804年5月に日本を発ち、留学僧として唐に仏教を学びに行きます。その当時、遣唐使船は20年に一度しか来ず、しかも間引きされることもありました。

帆船で海を渡るということは風任せですから、嵐に遭うこともあり、難破してたどりつかなかったり、全員死亡してしまうこともあったのです。

空海の乗った船も難破し、予定よりもずっと南のほうに漂着しました。しかし中国にたどりついたという幸運があります。

4船のうち2船は中国に漂着しませんでした。1船は海の藻屑《もくず》と消え、もう1船は日本に戻ったのです。空海は、たどりついた2船のほうに乗っていたのです。

翌805年の春に、船は日本に引き返します。それから20年間、空海は仏教の勉強をするはずでした。ところがなんと、20年後に来るはずの遣唐使船が翌年の806年の秋にまたやって来たのです。

空海は密教を教えてくれた恵果阿闍梨《けいかあじゃり》の勧めもあり、本来20年間帰ることはできなかった日本に、その2年後、船に乗って帰ることになります。

806年に遣唐使船が来た理由は、桓武《かんむ》天皇が亡くなったことを知らせるためでした。その役割だけで派遣された船だったので、空海はその船に乗り込むことができたのです。

ある種のことをなし遂げた人たちには、非常に強い運がついてまわります。まるで神様が特別扱いをしている、えこひいきをしているような感じです。

こんな奇跡的なこと、偶然が起きるのだろうかと思えることばかりです。ですが実際にそういうことが起きます。

なぜそういうことが起きるのかということを、ちょっと興味関心を持って調べてみました。

40年にわたって得られた結論、**それは「徳」というものではないかという考えに至りました。人徳です**。

徳というと、非常に難しいことのように聞こえますが、実は簡単なのかもしれません。**それは自分以外のものに感謝をすること**。

自分の力でできることなどは、たかが知れています。自分一人でできることなどは、まったくないと言っていいほどです。

すべてが自分の力でやってきたと思っている人に、よくこういう質問をしてみました。

酸素は自分でつくっていますか。

水は自分でつくっていますか。

自分で酸素も水もつくり出して、自分の力だけで生きていますか。聞かれた人の中で、自分の力で生きていると答えた人はいません。

私たちは自分の力、自分の努力やがんばりで生きていると思い込んでいますが、実はもっと基本的なところで、私たちの力によるものなどなにもなく、生かされています。

ですから、人やもの、すべてのことに対して、私たちは感謝をするほかはありません。

私たちにできることは、感謝です。その感謝を惜しみなく実践し、それを周りに分け与えていく。**その感謝の心を投げかけていくということが、徳なのではないで**

しょうか。

それは当然のことながら、人間一人ひとりに対して尊敬し、大事に思うようになります。また同時に、植物や動物に対しても、丁寧になると思います。

そして自分の置かれた状況や環境などに、文句を言わない、愚痴を言わない、泣き言を言わない。

恵まれていることに対して、ありがたいと感謝すること。

これを簡単に、「徳」と言いかえていいのではないでしょうか。周りのものに対して感謝の心があれば、当然のことながら、自分もその恩返しとして、喜ばれる存在になろうと思います。

少しでも周りの人たち、周りのものたちから喜ばれる存在でありたいと思うようになります。それは不機嫌な顔ではなく、笑顔になることでしょう。

愚痴や泣き言を言うのではなく、楽しくて幸せなんだ、こんな楽しいことがあってね、こんないいことがあってね、こんな面白いことがあったんですよ、と笑顔で話すことではないでしょうか。

感謝をする。そして褒める。

皆が喜んでくれるような、面白がってくれるような、皆が笑顔になるような話題をたくさん持っている。そういうことが徳につながっているような気がします。

空海さんの座右の銘は、「**他人の短を言うことなかれ。己の長を説くなかれ**」というものでした。空海さんほどのすごい人であっても、自分に対しての戒めは、他人の短所を指摘しない、自分の長所を自慢しないという身近なことでした。

そういうことを日常的に実践した結果、空海さんから発せられる言葉は、温かい言葉であったり、人を励ます言葉であったり、たくさんの人を笑顔にする明るい言葉だったに違いないのです。

その投げかけた言葉、行動、心の総量というものは、ものすごい大きな徳だったのではないでしょうか。

最後にひと言、言っておかなければなりません。

徳を重ねると、人生が自分の思い通りになる、たとえば自分の好きな仕事ができるとか、仕事が見つかるという展開になるのではありません。

徳を重ねると、どんな仕事でもありがたいと思えるようになる。どんな仕事でも一所懸命やれるようになるということです。

いつも穏やかで淡々と、笑顔ですべてのことに取り組めるということです。

47

人間は感謝だけで生きていける。感謝で人生がスムーズに流れる

感謝だけで人生がスムーズに流れるかどうかを、宇宙の法理・法則の研究者としてはどうしても確認したくなり、40歳の時にそのように決意しました。

生活、仕事、人間関係など、日常生活すべてが感謝だけで生きていけるのかどうか、20年かけて結論を得られました。

「**人間は感謝だけで生きていける。感謝することで、ありとあらゆることがスムーズに流れるみたいだ**」という結論に到達しました。

皆さんは、不安でしょうから、努力して、がんばってみてもいい。好きなように必死になってもいいと思います。

しかし、努力して、がんばって、必死にやっていても、スムーズに流れることはありません。

努力して、がんばっている人ほど、他人に対して寛大ではなく、家族、友人、社員に対して怒鳴ったり怒ったりする人が多く見受けられます。

家族に対して怒ったり怒鳴ったりする人が多いようですが、あまりにも身近すぎる存在のため、感情をぶつけやすいと感じるのかもしれません。

家族はいちばん身近なところで自分を支えてくれる存在です。**自分を支えてくれる人をないがしろにして、スムーズにものごとが流れることはありません。**

努力している、がんばっていると思っている人ほど、なぜか他人に対してとても厳しい態度をとります。

他人に対しての厳しさをどうしても捨てられないという場合は、自分の中から努力やがんばりを手放すことをおすすめします。

「努力をして、がんばって、必死になれば、夢や希望がかなう」という価値観だけで生きてきた人は、家族や社員に対して怒鳴ったり怒ったりしていたかもしれません。

今日から、周りの人すべてに「感謝していく人生」に切りかえていくことをおすすめします。

私は、これまでの人生で、ありとあらゆるものに感謝をして生きてきました。

結婚してからは妻に対しても感謝をしてきました。

結果として31年間、一度もケンカをしたことがありません。

夫婦でケンカをする人は、お互いに感謝が足りないようです。

自分の妻や夫と思うから、頭に来たり、怒ったりするのでしょう。

隣のおじさんが給料をもってきてくれる。隣のおばさんが毎日ご飯をつくってくれる。

このように考えていたら、もう感謝しかできません。

感謝をすると、自分をとりまいている状況が一変します。

そして、**「ありがとう」と感謝していると、目の前の人やものごとがすべて味方に**

なってくれます。

さらに、目の前の人やものごとが味方になってくれるようになると、神様や宇宙といった目に見えない存在までもが味方になってくれます。

私たちがこの世に生命を授かったのは、周りの存在に光を発していくためです。

人生には努力やがんばりはいりません。

ただ笑顔で感謝をし、光を発して生きていくだけです。

48

人の善意や好意を受け入れる

先日、ある商社マンと話していた時のことです。彼はある時、海外の工場で、現地従業員に日本語を教えることになったのだそうです。話の内容からすると、自然発生的な日本語教室が始まったようでした。

その〝教室〟の過程で、現地の人からこんな質問が投げかけられました。

「すみません」の使い方がよくわからない、というのです。

日本人は、「すみません」という言葉を確かによく使います。

「すみません、駅までの道を教えていただけますか」という時の「すみません」は、英語でいうと「Excuse me.」（エクスキューズ・ミー）で、これはそれなりに理解したのだそうです。「Excuse me.」を「すみません」と言うのだな、と。もう一つ、「申しわけありません」や「ごめんなさい」を意味する「I am sorry.」も、日本語では「すみません」と言うのだということも、わかったのだそうです。

ただ、もう一つの「すみません」がどうしても理解できないのだということでした。

それは、「こんなにしていただいて、すみません」という時の「すみません」は、本来なら「ありがとう」なのではないか、というのです。

何かちょっとしたことをしてもらった時、私たちは「すみません」と言ってしまうことが少なくありません。

が、確かに、お礼の意味や感謝の心を持っている時でも、私たちは「すみません」でお茶をにごし、ストレートにその気持ちを伝えることを避けているようなところがあります。

日本人は、もしかすると「感謝」の心を表現するのが下手なのかもしれません。

「ありがたし」という言葉は、もともとお釈迦さまの言葉らしいのです。これはある真言宗の僧侶に教えていただいたのですが、

人の生《しょう》を受くるは難《かた》く、
やがて死すべき者の、
今命《いのち》あるは有り難し。

正法《みのり》を耳にするも難く、
諸仏《みほとけ》の世に出ずるも有り難し。
（『法句経《ほっくきょう》』一八二）

人が生命を受けることは難しく、必ず死ぬことになっている者が、たまたま命があるということは「ありがたい」（めったにない）ことだ。生命を受けたとしても、その生きている間に「正しい教え」に接することはまれで（ありがたく）、仏が満ちている世（地球上のこの世）に生まれることも難しいものである。

「ありがたし」というのは「有り難し」、「めったに存在しない」という概念から生じたものらしいのです。「めったにない」「なかなかその辺には存在しない」ということは「あたりまえ」とか「当然」ではない、ということでもあります。

私は30年ほど前から多くの人生相談を受けてきたのですが、20代後半から30代にかけての独身女性が、よくこんな質問をしました。

自分は決して独身主義者でもないし、結婚をしたくないわけでもない。むしろ、結婚をしたいと考えている。それなのに、男性運が悪く、なかなか良縁に恵まれない。どうしたらよいか、というものです。

私の答えはいつも同じでした。今も、同じ質問をされれば同じように答えます。

まず、私はこの方に、こう聞きます。

「男性に食事に誘われたことがありますか？」

もちろん、20代後半から30代の独身女性であれば、そういう経験がないという人の方が珍しい。すべての人が「はい」でした。

次に、こう質問します。

「食事の後、男性が二人分の食事代を払おうとした時、『自分の分は自分で払います』と主張しませんでしたか？」

そういう時、多くの人は「えっ」と小さく叫んだものでした。「だって、おごってもらう理由がありませんわ」というのが、ほとんど全員の理由でした。

「理由がないといけないのですね。おごってもらうと『借り』をつくったような感じになるのではありませんか？」

「全くそのとおりです。理由もなくおごってもらったら、何となく『借り』ができてしまって、その後重苦しくなるではないですか」

というのが良縁に恵まれない人、すべての、共通する答えでした。

「そこを、これからちょっと変えることにしませんか。どう変えるかというと、二人分を出したい人には素直に出してもらう」

「それでは『借り』をそのまま背負い続けることになります」と、ほとんどの人が。

「出してもらったうえで、外に出てから、本当に、心から、『ありがとう』と言うのです。それで、借りも貸しも、なし。

『ありがとう』という言葉にはすごい力が潜んでいて、その言葉を耳にした人は、細胞が活性化して、すごく元気になり、若々しくなり、体が軽くなるんです。心を込めない『ありがとう』だけでもすごい力を持っているのですが、心を込めた『ありがとう』は、この世の力とは思えぬほど相手を元気にし、若返らせ、細胞を活性化するのですよ」

「心からの『ありがとう』」を提案した時、パッと明るい顔になって、「よくわかりました」と反応した人は、その相談者のほぼ半分、人数でいうと50～60人だったでしょうか。

結論を言うと、明るい表情になって「わかった」「やってみます」と答えた人のすべてが、最長でも1年半以内に婚約し、結婚しました。

「でもやっぱり借りをつくりたくない」と言った人は、ほとんどの人が今も独身です。

別に、結婚が良くて未婚が悪い、と述べているのではありません。ただ、結婚をしたいのなら、そういうふうに自分のポジションを変えることで良縁に恵まれるということを、言いたいのです。

「善意や好意をすべて受け入れる」人は菩薩なのだとか。「菩薩」は私たちの心の中にも存在します。

私たちは、「他人に甘えてはいけない」とか、「自分の力ですべてを解決しなさい」、あるいは「もっとがんばりなさい」と育てられたのですが、もしかしたら、その過程でとても大事なものを忘れてきたのかもしれません。

その大事なものとは、「人の善意や好意を受け入れる」ということ。

本来なら自分でできることを、できない、助けて、やってくれ、というのは「甘え」にほかなりません。

また、相手が二人分の食事代を払いたがっているわけでもないのに払ってもらおう、というのも「甘え」が過ぎるものです。

しかし、相手の人が「二人分を払いたい」「払うことで幸せな気持ちになれる」のなら、**それは「貸し」とか「借り」とか言わず、受け入れてあげることが「やさしさ」であり「美しさ」であると思うのです。**

49

「そ・わ・か（掃除・笑い・感謝）」で、「お金と仕事」「体と健康」「人間関係」が解決する

悩み苦しみというのをよく見てみると、大きく三つのジャンルに分かれます。そのいちばん大きなものはお金と仕事の問題。2番目が体と健康のこと。3番目が人間関係。この三つが大きな悩み事のジャンルです。

そして、この三つの問題は「**そ・わ・か**」で解決できます。お金と仕事の問題は「そ」で終わり、体と健康の問題は「わ」で終わり、人間関係の問題は「か」で終わりです。

般若心経《はんにゃしんぎょう》やいろいろなお経を見ると、いちばん最後が「薩婆訶（そわか）」という言葉で締めくくられているものがたくさんあります。でも、私の言う「そ・わ・か」はお経とは関係ありません。この「そ・わ・か」は「**掃除・笑い・感謝**」のことです。この三つを覚えておくと、悩み苦しみ、苦悩煩悩は一切なくなります。

お金と仕事の問題は、「掃除」をしていればなくなってしまう。

体と健康の問題は、「笑って」いればいい。

人間関係については、感謝、「ありがとう」を言っていればいい。

そういうことです。

もちろんこれらの問題は全部複合的に絡み合っているので、お金と仕事に関して「ありがとう」を言ってはいけないということはないし、体と健康に感謝してはいけないということもない。目の前に起こる現象について、**この三つを同時進行でやっていれば悩み苦しみはすべてなくなります。**

50

ありとあらゆるものに
迷惑をかけて
生きているからこそ、
相手に感謝する

ある講演会の後の二次会で、60代の男性がこう言いました。

「実は、私、ガンを宣告されました」

突然の告白に皆静まりかえりました。

「私はこれまで、何も悪いことをしてこなかったし、人に迷惑もかけてきませんでした。なのに、どうしてガンになったのでしょうか。何か悪いことをした結果なのでしょうか」

「病気」と「迷惑をかけて生きてきたかどうか」に因果関係があるかどうかはわかりません。ただ、「私は人に迷惑をかけていない」という言葉が、少し気になりました。

そこで、私は質問しました。

「あなたは山道を車で走ったことはありませんか」

「もちろんあります」

その山道を、何千匹、何万匹というアリの群れが、巣穴に向かって食料を運んでいる。そこを、私たちは知らないで、車で通り過ぎるわけです。アリたちは、ただひたすら誠実に、真面目に生きているのに、突然通り過ぎていった車に踏みつぶされて、死んでしまう。何で死んだのかなんてわからない。突然、踏まれて死んでしまうのです。

人が生きている限り、誰にも迷惑をかけてこなかったというのは、事実ではありません。人に迷惑をかけただけではない、人以外の生き物に対しても、ものすごく迷惑をかけて、私たちは生きてきました。

私たちは生きている限り、いろいろな食べ物を食べます。一生涯のうちに、一人で何頭分かの牛を食べます。何十頭分かの豚を食べます。何百羽分かの鶏を食べているわけです。私たち人間は、食物連鎖の頂上にいて、ほかの生物の生命を奪い取りながら生きている。

十分に、ありとあらゆるものに迷惑をかけて生きています。

私たちは「人に迷惑をかけないようにしなさい」と親たちに教え込まれ、さらにそれを、自分たちの子どもにも教え込んできました。

「迷惑をかけないで生きる」というのは、一面では正しい考え方なのかもしれません。

けれども、それは本質ではないように思います。もう一歩進んで考えてみると、「人間はほかの存在物に対して迷惑をかけていない」ということなどあり得ない、ということに気がつきます。

ですから、人に迷惑をかけないようにしようということではなくて、**迷惑をかけなければ生きられない存在なのだから、その迷惑をかけている相手に「感謝」をしよう**、ということが重要なのではないでしょうか。

「迷惑をかけないで生きていくぞ」と決意するよりも、「迷惑をかけて生きている存在なのだから、その自分を支えてくれている存在物たちに心から感謝をする」ことのほうが、ずっと前向きで、楽な生きかただと思います。

51

「ありがとう」を
たくさん言っていると、
感謝の気持ちに溢れた人が
たくさん集まってくる

日本には「**謙譲《けんじょう》の美徳**」というものがありますが、実際は反対のところに価値があるようです。

私たちは、これまで「自分がいかについていないか。不運で何をやっても駄目だ。つらいこと、悲しいことばかりだ」と言うと、人は同情してくれて、親身になって味方になってくれる、友人ができると学校や家庭、社会から教わってきました。

しかし、実際は反対の結果になっています。

「自分はとてもラッキーで、幸運で、ありとあらゆることに恵まれている」とニコニコと言っている人にこそ、周りに明るくて心ある人が集まってくるのです。

「あなたはすばらしい才能を持っていますね」と言われた時、「いえいえ、そんなことはありません」というのは、謙譲の美徳かもしれません。

しかし、その後に「私の人生は恵まれていなくて、悲しいことばかりで……」と続ける人がいますが、それは自分の人生をとても損させてしまう言葉なのです。

もし、そう言うことで周りの人に受け入れてもらえると思っているとしたら、大損です。

愚痴や泣き言を言う人からは、明るい友人は去っていきます。そして、否定的な言葉を言う人ばかりが残ってしまうのです。

「自分はとてもついていて、いろいろなことに恵まれている」と言うことができると、周りにいる人はどう思うでしょう。

「この人はとても楽しくて面白い人生を送っているに違いない」と思って「私もこの人のそばにいて、楽しい人生の過ごしかたを教わりたい」と思うのではないでしょうか。ですから、**口から出る言葉は否定的なものではなく、嬉しい、楽しい、幸せという肯定的なものにしたほうがいい**。

いちばん効果的な言葉は、**「ありがとう」という感謝の言葉**。

ありがとうをたくさん言っていると、あなたの周りには「ありがとう」と感謝の気持ちに溢れた人がたくさん集まるでしょう。あなたと人生を楽しむ仲間が増えていくのです。

52

自分を取り巻くすべての「人」「こと」「もの」に対して「ありがとう」を言い続けること、感謝し続けること

実践を続けていくと、こういう悩みが生じてくる人がいます。
「仕事もプライベートも人間関係も、すべてのことが順調で怖いくらいです。このまま幸せが続くわけがないから、やがて私は不幸になるのではないでしょうか」

では、**幸せが永遠に続く方法**をお教えします。
それは**「ありがとう」と言い続けること、感謝し続けること**です。

自分が自分の幸せをつくり上げているのではなくて、神、仏、友人、知人、家族すべての人が、自分を幸せにしてくださっているのです。ですからそれらに「ありがとう」と感謝をし、トイレ掃除をし続けていけばいいのです。
この二つが混然一体となって、その人をずっと支援してくれるようですから、どうぞご心配なく。

「トイレ掃除」と「ありがとう」には、「謙虚」という共通点があります。人は、謙虚な人に対しては、応援したいと思うようです。

これに対して、応援したくないタイプは、驕《おご》り、高ぶり、うぬぼれ、傲慢な傾向が強い人です。こういう人を一般的には威張っているとか、高飛車《たかびしゃ》だと感じます。驕り、高ぶり、うぬぼれ、傲慢の本質は、自分の人生を、全部自分の力で組み立てていると思っているところです。

私の努力、私の才能、私の汗で、私の人生をつくってきたと思っていることが、驕り、高ぶり、うぬぼれ、傲慢につながるのです。

もちろん、どんな人でも、自分の力だけでは到底及ばないことが、世の中にはたくさんあります。

その時に、自分の力だけに頼ってやろうとするよりも、いちばんコストパフォーマンスがいいのは、つまりもっとも少ないエネルギーで、たくさんの成果が得られる方法は、**自分を取り巻くすべての「人」と「こと」と「もの」に対して「ありが**

とう」を言うことなのです。

世の中のすべてのことに関して、「自分の実力や努力でやってきた」という考え方から「皆さんが支援してくださるので、自分はただ周りに感謝する」という考え方に切り替えてみてはどうでしょう。それが、楽に生きられるコツではないかと思います。

53

感謝には９つのレベルがある

人間の心には、「初級」「中級」「上級」の9つの感謝のレベルがあります。

①一般的に多くの人が嬉しい楽しいと思う現象について、喜ぶことができる
②一般的に多くの人が嬉しい楽しいと思う現象について、幸せを感じる
③一般的に多くの人が嬉しい楽しいと思う現象について、感謝ができる

ここまでは「初級」です。

自分にとって、楽しいと思えることを楽しいと言っているのは、人生において、五戒（不平不満・愚痴・泣き言・悪口・文句）を言うより進歩していて、喜びの領域に入っています。

④一般的に多くの人があたりまえと思う現象について、喜ぶことができる
⑤一般的に多くの人があたりまえと思う現象について、幸せを感じる

⑥一般的に多くの人があたりまえと思う現象について、感謝ができる

ここまでが「中級」です。

目が見えること、耳が聞こえること、歩けること、友人が居てくれることというような、誰もが100％あたりまえだと思っていることに対して、本当に幸せでありがたいと思える人です。誰もがあたりまえのこととして、誰も喜ばないような、誰も話題にしないようなことについて、心の底から喜び、幸せを感じ、手を合わせられ、感謝できるようになると、中級者です。

⑦一般的に多くの人が不幸と思う現象について、喜ぶことができる
⑧一般的に多くの人が不幸と思う現象について、幸せを感じる
⑨一般的に多くの人が不幸と思う現象について、感謝ができる

これが「上級」です。

目の前にどんなことが起きてきても、愚痴や泣き言を言わないようにすると、悲しみやつらさを感じなくなります。そして、**自分の心が成長した結果として、物事に対して、否定的な反応をしないようになります**。

さらに肯定的な反応だけではなく、そこに喜びを感じ、手を合わせられるようになったら、いちばん幸せなのは、そう思えるようになった「自分」ではないでしょうか。

私の話を聞いていて、何百人もの人が「正観さんと出会って、楽しいことばかり起きるようになった」と言ってくださいますが、それは、私にとって心地よい言葉ではありません。

私が言われていちばん幸せな言葉というのは、「どんなことが起きても動じなくなりました。不平不満、愚痴、否定的な言葉が出てこなくなりました」という言葉です。

良い、悪いを選り分けているあいだは、人生の達人にはなれません。自分にとって、気に入ることばかり起きて喜ぶのは、悟りの初級の段階です。

そこから一歩踏み出し、中級にならないと、つらく悲しい思いをするようになっています。

そして、早い段階で上級のところに行くと、何があっても「つらい」「悲しい」という、否定的な言い方をしないようになります。

心の成長には、難行、苦行がまったく要りません。ただ、目の前の現象について、思い方、捉え方、受け取り方を変えるだけなのです。

54

「ありがとう」には
すごい力がある。
面白がって言ってみよう

ある講演会が始まる前に、女性が二人、私のところにやってきました。そして、年輩の女性が私にこう言ったのです。

「はじめまして。私の命を助けていただいて、ありがとうございます」

初対面にもかかわらず、「命を助けていただいて……」と言われる理由が思い当たりません。

「事情がわからないのですが」と言うと、付き添っていたもう一人の女性が事情を話してくれました。

この二人の女性は親子で、半年ほど前に、娘さんが私の講演会を聴いたのだそうです。そして、その講演会で聴いた話をお母さんに話した。お母さんはその時、末期ガンで余命を宣告されていたそうなのですが、講演会で私が話した内容を実践してみた。そしたら、なんと、自分の足で立つことができなかったお母さんが、1カ月後には自分の足で立つことができるようになった。さらに、2カ月後には、周囲から「顔色が良くなったね」と言われるようになった。3カ月後には、体重が増えてきた。

そのことを不思議に思い、再度精密検査をしたら、ガン細胞がどこからも検出されなかったのだそうです。3カ月で治ってしまった。

では、このお母さんは、一体何を実践したのか。

ただ「ありがとう」を言っていただけ。

「ありがとう」という言葉には、ものすごい力があるのです。2万5000回「ありがとう」を言っていたら、2時間ほど激しく涙が出て、そこからさらに2万5000回「ありがとう」を言うと、突然奇跡が起きます。しかも、最初の「ありがとう」は心を込めなくていい。そして、涙が出た後の「ありがとう」は、必ず心の底から「ありがとう」が湧いて、イヤでも心が込もった「ありがとう」になるらしい。

この話を聞いたお母さんは1日1000回、1カ月で3万回「ありがとう」を言い続け、3カ月後に9万回言い終えたころ、ガンが治ってしまったのだそうです。

努力は「1」で、3倍努力をしたら「3」になりますが、感謝をすると「10の68乗」になります。奇跡が起こる。

信じなくても構いませんが、どうせ「ありがとう」を言うのはただなのだから、面白がってやってみてはどうでしょう。

55

私を成り立たせてくださっているすべてのものに対して、「ありがとう」と感謝していく

私は学生時代に精神科学研究会という会に参加していました。そこでは、月に一度、超常現象などに関しての講演会が開催されていました。

当時、大卒の初任給が1万5000円から1万8000円くらいの時代に、この講演会の参加費は1万円でした。

毎回、40代から50代の方が30人から40人参加していました。

私の通っていた中央大学にも招待状が届き、なんと学生は無料。そのため毎月通い、約45回参加しました。

その中で、とても印象的な話があります。

それは、十三代目片岡仁左衛門《かたおかにざえもん》さん（歌舞伎役者。人間国宝でもある）の話です。

仁左衛門さんは、最後の10年間は目が見えなくなっていました。

ある日、風邪を引き、熱が40℃を超えていました。歌舞伎の場合、体調不良などの場合に、後ろに黒子《くろこ》をつけるようです。

その日、黒子をつけるようにと頼んだところ、「はい」と返事が返ってきました。頭がガンガン痛み、熱のためボーッとして台詞が出る状態ではなかったそうです。しかし、その黒子さんが台詞を教えてくれたために、無事終了しました。

この黒子の台詞を教えてくれるタイミングが早すぎず、遅すぎず、絶妙だったそうです。

そこで、楽屋に帰って次のように尋ねました。

「いままでこれほど優秀な黒子はついたことがない。黒子のおかげで、熱を出して非常に体調が悪い状況だったことを、お客さんは誰一人気づかなかっただろう。それくらい絶妙なタイミングで教えてくれた。今後もその人に黒子についてもらえたらありがたい。今日、黒子についてくれたのは誰だ」

すると、「今日、黒子はついていませんよ」という答えが返ってきたそうです。

黒子の姿をした、何者かがついていた、ということ。

約45回聞いた中で、この話がとても印象的でした。

私たちは、自分の努力やがんばりだけで生きているわけではありません。このように、**目に見えない存在からも、応援や支援をいただいて生きている。**

それを、実例として教えてくださったのではないでしょうか。

私を成り立たせてくださっているすべてのもの、家族、友人、知人、神仏、守護霊などの目に見える存在と目に見えない存在に対し、ただ「ありがとう」と感謝をしていくだけなのです。

56

神様は、お願いしても
聞いてくれない。
「感謝」をすると、
味方してくれるらしい

神様の性質は、古事記の中にある「天岩戸開き《あまのいわとびら》」という話の中に、隠されているようです。

それは次のような話です。

「須佐之男命《すさのおのみこと》の乱暴な行動に怒り、天照大神《あまてらすおおみかみ》は天岩戸に閉じこもってしまいました。

すると、すべてが闇になり、さまざまな禍《わざわい》が生じました。

どうしたらいいものかと八百万《やおよろず》の神が相談し、さまざまな儀式を行いました。そして、天鈿女命《あめのうずめのみこと》が天岩戸の前で桶を伏せて踏み鳴らし、踊ることになったのです。

この踊りを見た八百万の神々から、笑いの渦が巻き起こりました。

楽しそうな笑い声を聞いた天照大神は、周りで何が起こっているのかと思い、岩戸を少し開けて問いました。

『自分が閉じこもって闇になっているのに、なぜ天鈿女命は楽しそうに舞い、八百万の神は笑っているのか』
『あなた様より貴い神が現れたのです』
と、天鈿女命は言いました。そして、八咫鏡《やたのかがみ》を天照大神の前に差し出すと、天照大神は、鏡に映った自分の姿をその貴い神だと思い、岩戸をもう少し開けて、よく見ようとしました。
そこへ、待ち構えていた天手力男神《あめのたぢからおのみこと》命《いのち》が岩戸を開け、世の中に光が差し込むことになったのです」

この物語では、天照大神は、「泣いてもわめいてもお願いしても、聞いてくれない」ということを教えています。
単なる神話だと思う方もいると思いますが、私にはそうとは思えないのです。物語を通し「**神様を動かすには、お願いごとをしても駄目なんだ**」ということを、私たちに教えて下さっているように思えました。

「自分の人生が思いどおりにいかず、つらいので何とかしてください」と言っても、神様は聞いてくれません。

「面白がること」「楽しむこと」「幸せに過ごすこと」こそが、神様を動かすために有効な手段らしいのです。

「人生が面白くて、楽しくて、恵まれているものがたくさんあって、とても幸せです。神様ありがとう」と言っていると、神様は、「本質がわかったんだな」と思い、もっと味方になってあげよう、と考えるようです。

もしかすると神様はとことん不公平なのかもしれません。

というのは、悲しがってつらいつらいと言っている人には、何の関心もない。神様に、愚痴や泣き言をいくらぶつけたとしても、聞く耳を持ちません。

これは、私たちの生活の中で神様を味方につけるための、非常に重要なポイントなのです。

本来、神社仏閣はお願いを伝えるところではなく、「自分がどれほど恵まれているか気がつきました。ありがとう」と、お礼を言いに行くところです。

「ありがとう」とは、もともと「有り難し」という言葉で、人間業《にんげんわざ》ではない、自然界には存在しないような現象を「有り難し」といい、神に向かって言うべき言葉でした。

人間に向かって言うようになったのは、室町時代以降のことです。

私たちが人間や、動植物に向かって「ありがとう」と言うと、神様はすべて自分に向けられた言葉だと認識します。ですから、たくさんの「ありがとう」が神様に届くと、この人間に何かしてあげようかな、と思うようなのです。

「ありがとう」という言葉にいちばん反応する神様は、天照大神です。

この神は「あまねく照らす」ことから、「アマテラスオオミカミ」と呼ばれています。

私たちは、神様から見るととても小さな存在です。しかし、一人ひとりが天照大神のように輝いて生きていき、その人がいることで周りを明るく楽しく照らす、まるで「小さな天照大神」のような人がいたら、神様は嬉しいのではないでしょうか。

ありとあらゆる人に明るく、楽しく、笑顔で、爽やかな存在となって周りを照らしていく人は、「小さな天照大神」になれるかもしれません。

「小さな天照大神」を略して「**プチテラス**」ということにしました。私たちは、誰もが「プチテラス」として生きていくことができるのです。

57

「神様の使いこなし方」はとてもシンプル

大学時代から、不思議、不可思議現象が好きで、超常現象の研究をしてきました。40年間、超常現象、宇宙現象を観察してきた結果、どうも神様がいるみたいだという結論になりました。

私は、全共闘世代であり唯物論者です。なんらかの宗教、宗派、教団に属したことも、教えを受けたこともありません。

しかし、神様はいます。いるかもしれない、というレベルではなく、事実を事実として追いかけた結果、意思とは関係なくそう思わざるを得ない結論に到達したのです。

神様の存在を知ったとしても、神様にひれ伏すという考え方はしません。どこかの教派、教団を信じたほうがいいと言っているのでもありません。

これは重要なポイントで、教派、宗派を信じることではなく、ただ**神様の使いこなし方を覚えたほうがいいということです**。

神様には感情がなく、すべて方程式のとおりに反応することがわかってきました。その方程式と神様の使いこなし方を覚えていくと、面白い人生が広がっていきます。

「神様の使いこなし方」は、とてもシンプルです。

自分の口から出てくる言葉のうち、つらい・悲しい・つまらない・イヤだ・嫌いだ・不平不満・愚痴・泣き言・悪口・文句・憎しみ言葉・恨み言葉・呪い言葉というような、否定をする言葉をいっさいやめること。

そして、ありとあらゆることについて、**嬉しい、楽しい、幸せ、愛してる、大好き、ありがとう、ついてると肯定的な言葉を言っていく**。そうすると、神様は味方についてくださいます。

神様は寛大、寛容な存在ですから、もし不平不満・愚痴・泣き言・悪口・文句を言ったとしても、敵に回って嫌がらせをするようなことはありません。ただその場合は、味方をしてくれないということ。

味方をしてくれないとどうなるかというと、すべて自分の力だけで生きなければならなくなる。誰も味方にはなってくれない、ということです。

損得勘定で考えても、神様を味方にしたほうが世の中がスムーズに流れ、楽に生きられるということです。

58

ものの考え方と神様への感謝

三浦綾子さんの作品は、たとえば『氷点』や『塩狩峠』といういい作品がたくさんあるのですが、エッセイ集にも教えられることが多々書いてあります。

その中の一つの話は、『感謝婦人』というものです。

三浦さんは旭川の住人でしたが、旭川で夏のいちばん暑い時に、20日間連続して雨が降ったことがありました。

旭川の人たちは、寄ると触ると「長雨で困ったものですね。洗濯物が乾かなくて」と言い合っていたのですが、その中にこんなことを考えた人がいました。

三浦さんたちの友人に「感謝婦人」と呼ばれる方がいたのだそうです。その方はなにがあっても「**ありがたいことですよね。神様に感謝ですよね**」というのが口癖でした。ですから仲間うちでは感謝婦人と呼ばれていたのだそうです。

そこで仲間の一人がこんなことを考えました。

この20日間の長雨に対しても、彼女はありがたいことですよね、と言うのだろうか。どのように言うか見てみたい、聞いてみたいと考えたのです。

幸か不幸か、その日がやってきました。

友人が、その感謝婦人に向かってこう言ったそうです。

「本当に困ったものですね。20日間も長雨が続いて。洗濯物は乾かないし、農家の方も牧草が育たないと言って困っています。本当にどうしたものでしょうね」

そうしたら、感謝婦人はにっこり笑ってこう答えたのだそうです。

「ありがたいことですよね。神様に感謝ですね」と。


実は、この三浦さんのエッセイを読むまでは、私は見方道の家元ですと冗談半分に言ってきました。家元ですから、日本でいちばんそういう考え方や感謝ができる人間でなくてはなりません。しかしその20日間の長雨について、「ありがたいことですよね、感謝ですよね」という言葉は思いつきませんでした。

なにをどう考えたら、感謝できるのかということが思いつきませんでした。

私は本を伏せました。

そしてその本を前にして、腕組みをしながら2時間考えました。考えて考えて、考え抜いた結果、「ありがたいことですよね、神様に感謝ですよね」という言葉にはなりませんでした。

私は伏せた本に向かって、頭を下げました。

「参りました。私の解釈では、どうしてもそういうふうになりません。教えてください」

それから本を開き、そして読みました。

感謝婦人の解釈はこういうものでした。

「この長雨を、もし1日で降らせたならば、川が氾濫したりして、多くの人が困ったでしょうね。限りなく優しい神様は、この長雨を20日に分けて降らせてくださったのですね。ありがたいことですね。神様に感謝ですね」

そう言ったというのです。

衝撃でした。こんなふうに考えられる人がいるんだということが、本当に衝撃でした。

さて、話はその感謝婦人の話にとどまらないのです。

三浦綾子さんは、結核菌が脊椎《せきつい》に入って激痛を伴う脊椎カリエスという病気にも罹《かか》っていました。

脊椎カリエスは激しく背中が痛み、その激痛は相当なものだそうです。それとおつきあいをしながら、晩年にはパーキンソン病もいただくことになるのですが、それについても愚痴や泣き言を言わない方でした。

三浦綾子さんは、その感謝婦人の話を書いた後で、このようなまとめ方をするのです。

「もし意気地なしの私に、この脊椎カリエスの痛みが一挙に押し寄せてきたら、私は耐えきれなくなっていただろう。限りなく優しさを持っている神様は、その意気地のない私に対して、20年に分けて痛みを分散してくださったのですね。だから私は耐えることができました。ありがたいことです。神様に感謝です」

健康な人でも、なかなかいろいろなことに感謝できませんが、毎日激痛を伴う脊椎カリエスという病気で痛みをいただきながら、それでも神に感謝ができる。その考え方というのが、「一度に痛みがきたら耐えられなかっただろう。それを分散してくださった神に感謝である」とこういう考え方をしたのです。

『感謝婦人』にも驚かされましたが、三浦綾子さんの自らの体がそのような状態でありながらも、そのようにありがたいと感謝ができるという考え方には、もっと驚かされました。

人間は、それほどまでにものごとを崇高にとらえることができるという意味で、いい意味での驚きでした。いい意味でのショックでした。

あれがつらいとか、これがつらいとか、人間は嘆いたり愚痴を言ったり、泣き言を言ったりすることは、誰でもできます。

しかし**ものの考え方を変えると、ここまで崇高な考え方ができるのです**。「ありがたいことですね、感謝ですよね」というところまで、人間は行き着くことができるのです。

たとえば数年の間に、車を何度かぶつけ、凹ませたとしましょう。数年の間に、何回もそういう事故があって、自分は不運だ、ついていないと考えることもできます。しかし、三浦綾子さんふうに考えるならば、数年の間に何回かの事故に分けてくださったという考え方もできるのです。

もしその数回分の凹みが一度に来たならば、車がつぶれていたかもしれません。その結果、死んでいたかもしれません。

それが何回かに分けていただいた結果として、救われたのです。小さな事故で済んだ。だからありがたいという考え方もできます。

ある人がこんな話をしてくれました。

買ってからまだ1週間の車で事故を起こし、修復できないほどメチャクチャに壊れた。しかし体は無傷だった。以前の自分であったならば、体が無傷なのに車がメチャクチャに壊れるとはなにごとだ。大した事故ではないのに、車が簡単に壊れるとはなにごとだと思い、メーカーを訴えていたかもしれないというのです。

しかし、ものの見方を学んで、考え方を変えた後は、その方はこういうふうに思えるようになったということでした。

「車がメチャクチャに壊れるくらいのひどい事故であったにも関わらず、体は無傷だった。車が全部衝撃を吸収してくれて、私の体を助けてくれた。ありがたい、神様に感謝だ」というふうに、とらえられるようになったと言うのです。

いろんな現象を、どのようにもとらえることもできます。

肯定的に前向きにとらえることもできます。否定的にイヤなこと、つらいことととらえることもできます。それを繰り返しているうちに、周りにそれなりの友人、それなりの状況、それなりの環境が整っていきます。

愚痴や泣き言を言っていると、愚痴や泣き言を言いたくなるような現象が自分を取り囲みます。

同じように、喜びや幸せを口にしていると、喜びや幸せを口にしたくなるような現象が自分を取り囲みます。

神様は、私たちの発言の一つひとつを注意深く聞いているように思います。その人が好んで口にする言葉を、「そんなに好きなら、もっと言わせてあげよう」と考えるようです。

不平不満・愚痴・泣き言・悪口・文句が好きな人には、その言葉がまた言いたくなるような現象を、神様は降らせるようです。

嬉しい・楽しい・幸せ・愛してる・大好き・ありがとう・ついてる。こういう言葉が大好きで、いつもこういう言葉を発している人には、そういう言葉を言いたくなるような現象を降らせてくださるようです。

聖書に「はじめに言葉ありき。言葉は神とともにあり。言葉は神なりき」という言葉があります。もしかすると、神はそういうあなたの好きな言葉通りの現象を起こすのですよ、という宇宙の法則を伝えた一文なのかもしれません。

若い頃からあまり経済的に恵まれず、貧しい暮らしをしてきた、金銭的に恵まれていないと思ってきた人がいるかもしれません。冗談半分に言うのですが、これを三浦綾子さんふうに考えると、神はこう考えたのかもしれないのです。

「いっぺんにたくさんのお金を与えてしまうと、この人は全部使ってしまうかもしれない。そうすると一生涯困ることになるだろう。いっぺんに使いきらないように、少しずつお金を分けて与え、本当に決定的に困らないようにしてくださった」

収入を一度にではなく、何十年に分けて分散をしてくださったという考え方ができます。

その結果として何十年も生きることができた。お金を使い果たして、その後生きていけないという状況にはならなかったと考えることもできるのです。

いっぺんにたくさんのお金をくださらなかった神様に、ありがたいことですよね、感謝ですよね、と言えるではありませんか。

59

がんばらないで、マイルドに生きていくのが、宇宙の本質

岐阜県に住む当時小学3年生の女の子が、夏休みの自由研究で、「ありがとう」という言葉をかけると、植物の生育や食べ物にどのように影響するのかという実験をしました。

イラスト・写真を用いて、大学ノート2冊分のレポートをまとめています。

200の食べ物に「ありがとう」と「バカやろう」を100回ずつ言う実験方法です。

甘いチョコレートに「ありがとう」100回と、「バカやろう」100回の言葉をかけて、家族三人に味見をしてもらいました。

「バカやろう」と100回声をかけたチョコレートは、無茶苦茶に甘くなって喉越しがとても悪くなり、「二度とこのチョコレートを食べたくない」と三人が言ったそうです。

「ありがとう」と100回声をかけると、甘さが抑えられ、マイルドになり、「このチョコレートなら、美味しいので何枚食べてもいい」と三人が言いました。

ビターチョコレートにも声をかけてみたところ、「バカやろう」を100回言ったチョコレートは、「こんなに苦いのは、二度と食べたくない」と三人が言いました。「ありがとう」と100回声をかけたほうは、苦さが半減して、「とても食べやすくなったから、また食べたい」と三人が言ったそうです。

200の食べ物に「ありがとう」の実験をして解ったことは、すべてがマイルドになるということ。「バカやろう」では、ものすごく個性が強調され、甘いものはより甘くなり、苦いものはより苦くなるようです。

このレポートをみて、とても面白いと感じました。何より彼女自身が面白がって検証を行なった様子が伝わってきたので、ありがとう博士号を授与しました。

その後、彼女同様に「ありがとう」を研究する小学生の励みになるのではと、『ありがとう博士』の認定制度が始まりました。彼女は『ありがとう博士』の第1号です。

越後に「越乃寒梅《こしのかんばい》」という銘酒があります。日本で1、2を争う銘酒で、造る本数が決まっているので、幻の銘酒と呼ばれています。この酒は個性がなく、水のようにサラッとしています。酒に詳しい人に言わせると、よい酒というものは「いかに水に近い酒を造るか」なのだそうです。

コーヒーには、さまざまな銘柄があります。コロンビアは酸味が強く、キリマンジャロは渋みと苦みがあるなど、いろんな特徴があります。ブルーマウンテンは、自己主張がないという特徴を一つの豆で持っています。

ありとあらゆるジャンルを追い求めていくと、最高級品というものは、すべてマイルドなもの、自己主張がないものに統一されます。個性を際立たせるのは、周りにとって、どうも心地のよいものではないようです。

体の70%は水でできています。**その水は「ありがとう」という言葉に反応して、マイルドな水になります**。体もマイルドになり、人格もマイルドになる。興奮することも少なくなると同時に心労も減り、ストレスから病気になることも減っていきます。

がんばって物事を乗り越えていくより、がんばらないでマイルドに生きていくのが、宇宙的な本質のようです。

攻撃的な性格の人や、すごく落ち込んでいて、つらい悲しいと言い続けている人を、宇宙は応援しません。宇宙が応援するのは、どちらにも偏っていない人、マイルドな人なのです。

私の話をよく聴きに来てくださる方が、このような質問をなさいました。

「どうして正観さんの周りには、魅力的で素敵な人ばかり集まるのでしょうか」

私の周りには、本当に素敵な人が集まっています。どうしてそのような人が集まるのか、あまり話したことはありません。

そこで、逆に質問をしました。

「和食の主食はなんでしょう」——米です——

「西洋食の主食はなんでしょうか」——パンです——

「この二つに共通することはなんでしょう」——味がなく、無味無臭であることです——

主食であるための資格は、味がなく、無味無臭であることです。

たとえば、デミグラスソースのかかったステーキ、スパゲティならトマトソースや、ホワイトソースなどの美味しいものは、毎日は食べられません。

無味無臭であればあるほど、濃い味のおかずが集まってきます。チャーハンなどの濃い味のもとには、その周りに物が集まりにくくなります。主食が薄味でない限り、周りに魅力的な味の人が集まりません。

私は、個性を訴えているように思えるかもしれませんが、自分の考え方や生きかたを、皆さんに対して、主張したことは一度もありません。世の中をこうしよう、このように変えようとして、話をしているわけでもありません。情報を伝えているだけで、皆さんがその情報を使っても使わなくても構いません。

私がこれまでの人生で心がけてきたことは、「いかに薄味であるか」ということでした。面白いことに、薄味の人には、魅力的で楽しい人が集まってきます。

中心的に存在している人が、個性的、自己主張という面を持っていてもいいのです。しかし、その味の濃い生きかたを周りの人に押し付けると、お互いに主張をして摩擦が起きてしまい、同じ味の濃い人は去っていってしまいます。

グループの中心にいる人が、自分の個性を持ってはいるけれども、その個性を周りの人に押し付けないという薄味の生きかたをしていると、周りに味の濃い、面白い人がたくさん集まってきます。そして、お互いに「あなたもいい味ね」と褒めあいながら生きていきます。

このことから、皆さんは周りに人が集まるコツというものが見えてきたのではないでしょうか。

薄味になることで、いままでの人間関係がスムーズになり、さらにこれから出会

う人が、個性的で、魅力的な人がどんどん集まってきてくれるので、面白くて楽しい集団になっていきます。

人が集まったところで、ある一定量を越えると、ザザーッと動き出します。

砂山にたとえると、砂を山になるまで少しずつ重ねていきます。実は、重ねているあいだは何も起きていないのではなく、崩れる準備をしています。そして、ある一定量を越えると崩れてしまう。

これを『易経《えききょう》』（中国で最も古いと言われている占いの書）でいうと、「運は動より生ず」といい、「運動」という言葉になります。

人や物が集まり、ある一定量を超えると、「動」すなわち動きが出てきます。動きが生じて「運」になるわけです。人がたくさん集まると、それだけでうねりができる。ですから、喫茶店や商店などの自営業をしている人のもとへ人が集まると、それだけで商売になります。

いままで個性的な存在、自己主張の強かった人は、人間関係が大変だったかもしれません。自分が個性を振り回しているあいだは、面白い人が集まらないようです。

自分が中心的に存在する立場になったなら、薄味になると面白い魅力的な人が集まってきます。

おわりに

どんな人が目の前に来ても、気にならなくなって受け入れられる状態になるためには、最後の関門があるようです。

それが「**正義感**」「**使命感**」というものです。

相手は普通に楽しく生きているのに、自分の「正義感」「使命感」に反するという理由で、相手を糾弾《きゅうだん》してしまうのです。

しかし、「正しさ」は、いつも変化していくものです。価値基準は、必ず時代性というものがありますし、物事にはさまざまな側面があります。

自分の中に「正義」と「使命」は持っていてもいいのですが、そこに「感」がつくと、周りの人は少し息苦しくなるかもしれません。

〈正義カン〉と〈使命カン〉、「カン」は、振り回さずにゴミ箱へ、ということです。

何かの出来事が起きた時、「正しさ」を前提に判断すると、状況もわからないのにどうしても正義感と使命感で人を批判してしまうことになります。

ですから、これからは自分に対しても他人に対しても、「正しい」から「楽しい」方向へと切り替えていきませんか。

物事が「正しい」かどうかではなく、自分が「楽しい」と思えることをまず考えましょう。

「楽しい」というのは、「正しい」とらえ方なのです。「正しい」と「楽しい」は1字違いで一緒のことです。

つまり、**正しく生きるということは、楽しく生きるということです**。「楽しい」ことが「正しい」ことと思ってください。

そうすると、自分が楽しく幸せに生きているのですから、人が楽しいことをやっていても認められるし、気になりませんね。ニコニコ笑って見ていられるわけです。楽に楽しく生きている人は、周りも楽で楽しい、ということです。

小林正観

謝辞

２０１８年5月、ＳＫＰに1通のメールが届きました。「書籍出版のお願い」という件名で、細かな企画書が添付してありました。小林の書籍を読み、感銘を受け、心がスーッと軽くなったとのメッセージに熱意が伝わってきたので、編集者の尾澤さんと一度お会いすることになりました。

その時に小林が大切にしていた、仕事に対する「誠実さと情熱」を感じ、本書『3秒で人生が楽になる　悟りの法則』の出版をお願いすることになりました。

本書の作成にご協力頂きました、株式会社ぷれし～どの代表であり、正観塾師範代の高島亮さん、編集担当である、総合法令出版の尾澤佑紀さんには、大変、お世話なりました。この場をお借りして、心より御礼申し上げます。

２０１８年9月

株式会社ＳＫＰ　代表取締役　小林久恵

参考文献

『心を軽くする言葉』（小林正観／イースト・プレス）
『脱力のすすめ』（小林正観／イースト・プレス）
『100％幸せな1％の人々』（小林正観／KADOKAWA中経出版）
『無敵の生きかた』（小林正観／廣済堂出版）
『豊かな心で豊かな暮らし』（小林正観／廣済堂出版）
『宇宙法則で楽に楽しく生きる』（小林正観／廣済堂出版）
『楽しい人生を生きる宇宙法則』（小林正観／講談社）
『「そ・わ・か」の法則』（小林正観／サンマーク出版）
『笑顔で光って輝いて』（小林正観／実業之日本社）
『ありがとうの神様』（小林正観／ダイヤモンド社）
『ありがとうの奇跡』（小林正観／ダイヤモンド社）
『楽しく上手にお金とつきあう』（小林正観／大和書房）
『悟りは3秒あればいい』（小林正観／大和書房）
『ごえんの法則』（小林正観／大和書房）
『宇宙を味方にする方程式』（小林正観／致知出版社）
『神様を味方にする法則』（小林正観／マキノ出版）

◆著者紹介◆

小林正観（こばやし・せいかん）

1948年、東京生まれ。作家。2011年10月逝去。

学生時代から人間の潜在能力やESP現象、超常現象に興味を持ち、心学などの研究を行う。

講演は、年に約300回の依頼があり、全国を回る生活を続けていた。

著書に、『楽しい人生を生きる宇宙法則』『「人生を楽しむ」ための30法則』（以上、講談社）、『笑顔で光って輝いて』（実業之日本社）、『心に響いた珠玉のことば』（ベストセラーズ）、『宇宙を味方にする方程式』『宇宙を貫く幸せの法則』（以上、致知出版社）、『「そ・わ・か」の法則』『「き・く・あ」の実践』（以上、サンマーク出版）、『神さまに好かれる話』（三笠書房）、『釈迦の教えは「感謝」だった』『淡々と生きる』（以上、風雲舎）、『無敵の生きかた』『豊かな心で豊かな暮らし』（以上、廣済堂出版）、『この世の悩みがゼロになる』『悟りは３秒あればいい』（以上、大和書房）、『100％幸せな１％の人々』（KADOKAWA中経出版）、『もうひとつの幸せ論』『ありがとうの神様』（以上、ダイヤモンド社）など、多数。

視覚障害その他の理由で活字のままでこの本を利用出来ない人のために、営利を目的とする場合を除き「録音図書」「点字図書」「拡大図書」等の製作をすることを認めます。その際は著作権者、または、出版社までご連絡ください。

3秒で人生が楽になる
悟りの法則

2018年 9 月19日　初版発行
2018年10月 4 日　2刷発行

著　者　小林正観
発行者　野村直克
発行所　総合法令出版株式会社
〒103-0001 東京都中央区日本橋小伝馬町 15-18
ユニゾ小伝馬町ビル 9 階
電話　03-5623-5121
印刷・製本　中央精版印刷株式会社

落丁・乱丁本はお取替えいたします。

ISBN 978-4-86280-638-3
総合法令出版ホームページ　http://www.horei.com/